ピンピン、ひらり。

鎌田式しなやか老活術

鎌田實
Kamata Minoru

小学館新書

まえがき

「ピンピン、ひらり」という老い方

「73歳、今の目標は？」

今年2月に出演した「徹子の部屋」（テレビ朝日）で、黒柳徹子さんに質問された。

ぼくはこう答えた。

「80歳でもイラクの難民キャンプに診察に行ける筋肉を維持したい。90歳まで生きられたら冬にはスキーをしたい。でも、いちばんの目標はＰＰＨです。ＰＰＨ、知っていますか？」

徹子さんは、頭の上に「？」を浮かべて身を乗り出してきた。

「ピンピン、ひらりです。死ぬ間際までピンピン元気に生きて、ひらりと逝きたいと思っています」

ここで番組は終わったが、話は続いた。徹子さんが「母が……」と話し始めた。そう、

ＮＨＫ朝の連続テレビ小説「チョッちゃん」で有名な黒柳朝さんだ。朝さんは、２００６年に95歳で亡くなったが、間際までやりたいことを続けていたという。そして、「じゃあね」と言って、旅立った。

いいなあと思った。まさに見事なピンピン、ひらりだ。

では、どうしたらひらりと逝けるのか、その前に訪れる長い「老い」を、どうやってピンピン生きるのか。そもそも、老いを生きる目的は何なのか――。

だれだって、老いは避けたいと思う。どうしたって老いにはマイナスのイメージが付きまとうからだ。体と心の働きが衰えて、医療も介護も必要になってくる。「衰えていく人」「お世話される人」これが、老人のイメージかもしれない。

本音を言うと、ぼく自身も年なんか取りたくないと思っていた。ぼくがずっと目指してきた「ピンピン、ひらり」という生き方は、きっと多くの人が賛同してくれるだろう。けれど、ふと気が付いた。人生には必ずしもピンピン生きられないときがある。「ピンピン」と「ひらり」の間にあるはずの「老い」を、ぼくは無意識のうちに考えないようにしてきたのだ。

そのことに気が付いたきっかけは、昨年の心房細動の入院治療だった。その後、立て続けに尿管結石や睡眠時無呼吸症候群の治療、大腸ファイバーや胃カメラの検査など、病院にお世話になることが続いた。自分が思っている以上に老いはじめていることを実感した。この「老いるショック」の洗礼によって、ぼくは、老いをしっかりと生きていく覚悟が決まった。

避けたいと思っていた「老い」も、視点を変えてみると見え方が違ってきた。子育てを終え、仕事の第一線から降りることは、「役割を失うこと」ではなく、「自由になること」。体や心の働きが衰えていくということは、「未知なる自分と出会うこと」でもあるし、多くの人に助けられ「他者とかかわる機会が増えること」でもある。老いには、「死を身近に感じながら生きる」という特権もある。そう、死を意識するからこそ、生きていることの尊さがわかるのだ。

老いという〝下り坂〟は、美しい景色も見せてくれる。〝上り坂〟は上ることに一所懸命で、自分の足元しか見えていないことが多い。でも、下り坂は違う。眼下には、これまで上ってきた道のりや、すそのの広大な景色が広がっている。その美しい景色は人生のご褒美といってもいい。

そんなふうに考えると、老いは長生きの残念なオマケなんかじゃない。人生のなかで最も自由に生きられる最後のチャンスだと思えてきた。これまでの人生、いろんな事情で思うように生きてこられなかった人も、思い通りに生きてきたけれどもうひと花咲かせようという人も、もう一度、新たに人生を始めるつもりで生きることができる。

「老い」と向き合ってみると、「ピンピン、ひらり」は、老いの生き方と矛盾しない。年を取っても、病気になっても、上手な付き合い方を身に付ければピンピン元気に生きられるだろう。次々と老いが襲ってきたとしても、ひらりと身をかわしてやり過ごせばいい。同時に、これまでのしがらみや過去の足かせを、ひらり、ひらりと捨て去ることで、身軽になることができる。矛盾しないどころか、「ピンピン、ひらり」こそ、老いの生き方の極意だと気が付いた。

老いを悔いなく思いっきり生きたなら、その先の「死」も怖くなくなる。

「いいことも、嫌なこともあったが、今思えばおもしろい人生だった。もうすぐ自分は死ぬけれど、嫌じゃないんだ。死ぬのもまんざらではないと思えるようになったよ」

長年、農業をやってきた高齢の男性が、緩和ケア病棟で亡くなる前にそう言った。ネイティブ・アメリカンの詩『今日は死ぬのにもってこいの日』（ナンシー・ウッド著）を思い出した。この男性も、黒柳さんのお母さんも、老いを完全燃焼したからこそ、ひらりと逝くことができたのだろう。

本書では、ぼく自身の体験から得た老いの受け止め方や、ピンピン元気なときを延ばす生活習慣、老いの価値の見つけ方について書いた。自由な発想で老いを楽しむ人たちも紹介した。この本を読み終わったとき、「年を取るのが待ち遠しい」と思ってくれたら、うれしい。そして、一人ひとりが、もっともっと自由でおもしろい「ピンピン、ひらり」を生きはじめたら、日本人の幸福度は上がる。きっと。

ピンピン、ひらり。

目次

まえがき……3

第1章 老いるショック――それは突然、やってきた……13
絶対安静のベッドで「老い」の予感
なぜ「老い」はタブーなんだろう
老いるショックは二度やって来る
6秒間の「心停止」
先輩から元気のおすそわけ

第2章 一歩引いて「老い」を手なずける……51
老いは、長生きの残念なオマケなの?
老いとは、ほどほどの距離感で
人生を俯瞰する樹木希林的まなざし
「逆・年功序列社会」なんかに屈しない
人は〝気〟から老いていく?

第3章 人生の棚卸しでひらりと身軽になる……85

縄文人のささやきに耳を傾けよ！
立ち止まって、人生の残り時間を意識する
忘却力は老いの特権
3つの足かせから自由になる

第4章 ● 生涯ピンピンを目指すしなやか老活術……115
心構えはしなやかなレジリエンス
いつからでも、続けた分だけこたえてくれる
タチの悪い脂肪は、糖質のとり方で減らす
食べないダイエットは老化を進める
90歳まで元気に動けますか？
おしっこのトラブルを恥ずかしがらない
一日のリズムは、睡眠と活動でメリハリよく
検査や治療は、必要最小限に

第5章 ● 老いの価値の見つけ方……159
〝今この一瞬〟という感覚が命綱

がんの再発がわかった日、不安から自由になった
人生はゼロから始まり、ゼロにもどる
世代を超えて、大切なことを伝えたい
「死」の視点に立つと、「老い」はプラスに見えてくる

第6章 ● 老いは自由へのスタートライン……189
下りの予感のなかで、内なる情熱に気付く
お金より大事な自由の価値
晩年こそ外へ外へと働きかけよう
人生の二毛作、三毛作を可能にする「変化する力」
人間はいつでも何度でも生き直せる
死者も生者もやってくる地図にない庭

あとがき……219

第1章

老いるショック——それは突然、やってきた

絶対安静のベッドで「老い」の予感

気が付けば老人？

「虎は死して皮を残し、人は死して名を残す。保険に入っていれば金を残す」

そう言ったのは作家・吉行淳之介である。ぼくはロクな保険に入っていないから、大した金も残せないなあと思った。それより、死の前にやってくる長い「老い」が気になって仕方ない。

だれもがいつか死ぬ。だから、死ぬのは怖くない。けれど、老いていくのはちょっとコワイ。老い方は人によって大きな差があるからだ。若くして介護が必要になる人もいれば、100歳になってもスタスタ歩き、好奇心の衰えない人もいる。「老い」は、一生のうちでいちばん個人差が現れるときなのではないだろうか。そんなどっちに転ぶかわからない「老い」を、初めてわが事として考えるようになったのは、入院を体験したからだった。

2021年6月上旬、4日間、入院することになった。数年前からたびたび起こっていた「心房細動」の治療で、カテーテル・アブレーション（電気的焼灼術《しょうしゃくじゅつ》）を受けるためだ。鼠径部《そけいぶ》の太い血管からカテーテルを入れて、心臓までさかのぼり、心房細動を起こしている心臓の筋肉を100か所以上、電気で焼く治療法だ。

心房細動というのは、不整脈の一つである。不整脈は、高齢になると増えてくるが、本人も気が付かないことも多く、ほとんどの場合、治療は必要ない。最も怖い不整脈は、「心室細動」というもので、かなりの高い確率で突然死につながる。ひとたび心室細動が起こったら、とにかく一秒でも早く救命処置をしなければならない。公共施設などにAED（自動体外式除細動器）が設置されるようになってからは、救急車が来る前にAEDを使うことで救命率が上がった。2019年のデータでは、一般の人がAEDを使用した例は約1300、その半数近くの人の命が救われている。

一方、心房細動のほうは、直ちに命を脅かすことはほとんどない。ただし、心房細動によって心臓の機能が低下し、心不全となる場合もある。日本の心房細動の患者は約80万人とも、100万人近いとも推測されている。一生の間に3人に1人が心房細動を経験するというデータもある。

高齢になるほど増加する心房細動は、「老い」と関係が深いことは間違いない。そして、ぼくも「老い」の仲間入りをしたことになる。

心房細動のいちばんのリスクは、放っておくと心房内で血液が滞って血栓ができてしまうことだ。その血栓が脳に飛んだ場合、脳梗塞を起こす。医学的には、心原性脳塞栓症という。

2004年、長嶋茂雄さんは、おそらくこの心房細動から脳の左側の広範囲に梗塞を起こし、右不全麻痺《まひ》と失語症を起こした。80歳で三度目のエベレスト登頂に成功した三浦雄一郎さんも、サッカー日本代表のオシム元監督も心房細動から脳梗塞になりかかったが、後遺症は残らずに済んだといわれる。

ぼくとしては、85歳になっても、90歳になってもスキーを楽しみたい。ジャズを聴きに、自分の足でライブハウスに通いたい。イラクの難民キャンプで暮らしている子どもたちの診察も続けたいと思っている。だから、脳梗塞のリスクがあるなら、そのリスクをできるだけ減らしておきたい。

この数年間、不整脈を抑える薬や血栓をできにくくする薬を飲んでいた。けれど、次第に心房細動の発作が多くなり、ついにカテーテル・アブレーションを受けることになってしまった。

「これからも、日本中だけでなく世界中飛び回るために、今、心房細動を抑える治療をしておきましょう」

医療は、ただ病気があるから治療するわけじゃない。一人ひとり生きたい人生があり、その人生を実現するために医療がある、とぼくは思っている。

主治医のこの言葉に納得し、ぼくは治療を決意した。

自由を奪われるって、やっぱりツライ

入院初日は、治療前の最終チェックの問診が行われた。もう40年以上も医師として通っている病院だが、患者として入院するのは10年ぶり。スキーで足を骨折したときの手術以来だ。執筆中の原稿を持ち込もうか迷ったが、今回はゆっくり休むため何も持って行かな

かった。夜が早すぎて、手持ち無沙汰。やっぱり本ぐらいは持ってくればよかったかなあ。まだこの時点では、タイクツするほど余裕しゃくしゃくだったのだ。

2日目の午前11時、手術用のガウンに着替え、ストレッチャーに乗せられてカテーテル室へ向かうと、循環器科医、放射線技師、看護師……総勢20人ほどが待ち構えていた。知っている顔も多く、どうも、と目であいさつを交わす。ちょっと照れくさい。でも、照れくさがっている間もなく静脈麻酔を打たれたので、その後のことは覚えていない。アブレーションを終え、午後4時ごろには自分の部屋に戻ったようだが、これも覚えていなかった。

夜の7時ごろから、うつらうつら目が覚めるようになった。夜中の12時近くになると、ようやくしっかりと覚醒してきた。ここからが、大変だった。

まず、体を動かせない。カテーテルを入れた鼠径部の傷口が開いて出血すると厄介なことになるため、絶対安静にしなければならない。寝返りが打てないから、背中の血流が滞り、筋肉も凝り固まってきた。動いてはいけないと思うと、余計に苦しくなった。一人でムズムズ苦しんでいると、自然と、在宅ケアをしていたころの患者さんのことが思い出された。

20年ほど前まで、脳卒中後の片麻痺で寝たきりになった高齢者をたくさん診てきた。当時、心がけてきたことは、もし、自分が寝たきりだったらどう思うか、ということ。「相手の身になる」という発想だ。ぼくだったら月に一度でも温泉に入ってあたたまることができたら、生きていてもいいな、と思えるかもしれない。

まずはその一歩として、自分で寝返りを打ったり、お尻を上げられるようになったらいいなと思って、理学療法士とともにリハビリを指導した。たとえば、仰向《あおむ》けの姿勢でお尻を上げてブリッジができるようになれば、着替えやおむつ交換をするときに、介護者も本人も楽になる。お尻を上げられるほど腹筋、背筋に力がついてくれば、ベッドの上に座ることもできるかもしれない。座ることができれば、その次は立ち上がることだって夢じゃない！　そうやって、本人に「まだやれる！」という気持ちをもってもらうことが何よりも肝心だと思ってきた。

あのときの患者さんたちのことを思うと、今のぼくはたった1〜2時間、寝たきりを味わっただけ。このくらいで弱音を吐いちゃいけない。そう思ったが、やっぱりツライものはツライのだ。

おむつというスキャンダル

絶対安静ということは、当然のことながらトイレにも行けないということだ。オシッコは、オチンチンにバルーン・カテーテルを差し込んで、バッグに流すようになっている。これがクセモノだった。

ちょっとだけ上半身を動かすと、管が揺れた刺激でオシッコがしたくなる。だが、脳が勝手にストップをかけているので、すぐには排尿できない。「管が入っているから大丈夫、大丈夫」と自分自身に言い聞かせ、ようやく尿道の括約筋《かつやくきん》を緩められた。

しばらくして、またオシッコがしたくなった。我慢しなくていいんだ。大丈夫、大丈夫とまた自分に言い聞かせる。無事、排尿。けれど、少しすると、またまた尿意。ぼくの尿意は、ぶらんぶらんなオチンチンにもてあそばれっぱなしだった。

看護師さんにそのことを伝えると、テキパキとした動きで、テープで太ももに管を固定してくれた。それからは揺れなくなって、管の違和感はなくなった。きっとぼくのような訴えをする患者さんも多いのだろう。

困ったのは、大便である。夜中に起きたとき、食事をしてもよいことになっていたが、食欲がなかったので、高タンパクのゼリーを食べた。高齢者のフレイル（虚弱）予防のために用意しているのだと思うが、のどごしがよく、けっこうおいしかった。

ここまではよかったのだが、ゼリーを食べたら、腸が活発になってきて大便がしたくなった。もしかしたら、排便しやすくする成分が入っていたのかもしれない。

「おむつをつけているので、そこにしていいですよ」

看護師さんは、何ごともないように言う。

そうか、そうだよな。術後の患者さんがおむつを使うのは、ある意味当たり前のことである。頭ではわかっているのだが、だからといって、はい、わかりました、とすぐに実行できるものではない。

ボーヴォワールは著書『老い』のなかで、「老いとは、スキャンダルである」と述べている。老いは人間にとって必定。けれど、この社会は老いを受け入れず、言語道断なものとして切り捨ててきた。ボーヴォワールの言いたいことはわかるが、このときのぼくにとって、今直面しているおむつ問題こそスキャンダルだった。

「おむつにした後、どうなるんだろう」「看護師さんは気にしないだろうけど、手間をかけさせちゃうのは申し訳ないな」「でも、おむつに排便したって、世界が終わるわけではないよな」……頭の中はぐるぐると渦を巻いた。

後で確認したら、このときはいていたものは、ぼくが開発にかかわった大王製紙のアテントというおむつだった。以前、このおむつをはいてスキーをし、そこにオシッコをするという実験もやったことがある。テレビCMでは、おむつの動きやすさをアピールするために、高齢者とともにアクティブに踊ってみせた。だから、アテントのはき心地や吸収量、動きやすさといったことは体験済なのだ。でも、ウンコまでは実験していない。

そもそも排泄《はいせつ》は生きている証拠。大便も、小便も、出なかったら一大事だ。いろんな理屈を持ち出して、自分に言い聞かせても、ウンコの壁は、ぼくにとってまだまだ高かった。

『ドン・キホーテ』を書いたセルバンテスはこんなことを言っている。

「裸で私はこの世に来た。裸で私はこの世から出て行かねばならないのだ」

裸で生まれて、裸で死んでいく。ぼくもいつか、裸でこの世を退場する日が来ることは覚悟している。「死」は覚悟しているのだが、その前にやってくる「老い」に対してはまだ腹が決まっていない。そればかりか、バルーン・カテーテルやおむつにオタオタしている自分自身がふと、おかしく思えてきた。

「魔法の手」と「自己決定」

「これ、魔法の手って言ってるんですよ」

アブレーション後、絶対安静で寝返りを打てずに苦しんでいたとき、看護師さんがおだやかな笑みを浮かべてやってきた。腕には、鍋つかみのオバケみたいなものをすっぽりはめている。

何？　魔法の手？　それにしてはブコツな作りである。

「はい、ちょっと失礼しますね」

ぼくの背中をちょっと持ち上げた瞬間に、背中とベッドのすき間に〝鍋つかみ〟をさっと差し込んで、ふわっと背中全体をひと撫《な》でした。たったそれだけのことなのに、一瞬で血流が戻っていくのを感じた。ものすごく気持ちがいい。不思議なことに、心まで和らいできた。

いいケアだなあ。感激を素直に看護師さんに伝えた。

すると、看護師さんは、このケアを教えてくれたのはハラダさん（仮名）なんです、と話しはじめた。ハラダさんのことはよく知っていた。排泄ケアや褥瘡《じょくそう》予防の専門ナースで、若くしてがんで亡くなった。無念だっただろう。けれど、彼女の看護に対する思いと技術は、各病棟の看護師たちによって敬意をもって受け継がれ、今もこうやって一人の患者の苦しみを癒している。しみじみとした気持ちになった。

ハラダさん自身も、緩和ケア病棟に入院し、魔法の手でがんの痛みを癒やしてもらったという。少しホッとした。

絶対安静だけど、ほんの少しなら、と看護師さんがギャッジベッドの上半身を起こしてくれた。わずかな変化だが、背中の圧迫が軽くなった。

さらにうれしかったのは、「微調整はお好きなようにしてください」と調節器を手渡してくれたことだ。上下のボタンを、ウィ、ウィ、ウィと短く押して、背中の部分を上げたり、下げたりして微調整を繰り返した。よし、ここだ、という角度になるまで何回試しただろう。結局、はじめに看護師さんが合わせてくれた角度とほとんど変わらないところで落ちついた。それでも、自分で調整した角度ならば、それがわずか0・1度ほどの差しかなかったとしても、納得ができる。これが自己決定の効用なのだ。

ぼくは、治療の選択も生き方の選択も、自己決定が大事だと思っている。医師や家族にお任せというのでは、望まぬ結果になったとき必ず後悔が残る。人生で後悔しないためにも、自分で選ぶ、自分で決める、自分で納得する、ということが大事なのだ。ギャッジベッドの角度なんて小さなことだけれど、その小さなことでも自分で決められたことは、ぼくにとってとても救いとなった。

手術から15時間後、絶対安静は解かれた。オシッコのカテーテルも抜いて、さっぱりした。何より自由に動けることがうれしかった。心臓のほうは、まだ治療の傷も癒えていないが、まずは「老い」に対して、先手を打つことができたと思っている。これからも体のあちこちで不具合が生じてくるだろうが、それにへこたれず、人生を楽しむ気概は持ち続けたい。

退院すると、ぼくはこの冬のために、ニューモデルのドイツのスキー板を予約した。新雪や悪雪にも強いという板だ。これからも、もっともっとスキーを楽しむぞ、というカマタ流の決意表明である。

なぜ「老い」はタブーなんだろう

気付かぬふりも三度まで？

心臓というのは一日約10万回も拍動を打っている。ぼくの心臓は73年モノだから、26億6450万回以上も拍動を打ってきたことになる。それを考えれば、多少の不整脈があったってしかたない。むしろ不眠不休でよくがんばってきたものだ。

心房細動らしき症状は、数年前から起こるようになっていた。突然、動悸《どうき》が速くなり、それが2時間ほど続いた。胸がぞわぞわしてとても気持ちが悪いが、何度か経験するうちにこんなものか、と慣れてきた。ぼくだけじゃなく、こういう人はけっこう多いようで、受診のタイミングが遅れてしまうことも多い。

そういえば、イラクの難民キャンプに診察に行く途中、トランジットのイスタンブールで発作に見舞われたことがあった。イラクのアルビルに入っても調子が戻らず、必要最低限のことだけして、あとはホテルの居室で横になってすごした。はるばるイラクまで行って、子どもや難民たちの健康状態を診るつもりでいたのに、逆にこちらが心配されてしまった。

それでも、楽天的なぼくは、あまりおおごとには考えていなかった。イラクに行く前に、いくつも仕事を調整して疲労やストレスがたまっていたことや、機内で眠れなかったことが体に負荷をかけたのだろう。たまたま体調が悪かった、くらいに考えて、自分自身に「老い」が始まったなんてまったく思っていなかった。

70歳を過ぎて、「老いをまったく意識したことがなかった」なんて、厚かましいと思われるかもしれない。でも、本当のことだ。もしかしたら無意識のうちに知らぬふりをしてきたのかもしれない。

今から思うと、45歳くらいのときに急に髪の毛がさみしくなった。あるとき、テレビでご一緒したタレントさんから、中国製のナントカ101という育毛剤をもらった。頭皮にハケで薬剤を塗るのだが、漢方エキスのにおいがとにかく臭い。それでも律儀に、一本使い切るまで塗り続けた。ぼくには効果はあまりなかったみたい。

厳密に言うと、薄毛は老いというよりも、男性ホルモンの仕業のようだが、このときもあまり気にしていなかった。当時は病院長として病院改革に東奔西走していたので、ストレスのせいとばかり思っていた。

ちょうどこのころ、スキーで初めて骨折を経験した。リフト下を軽快に滑っていたら、緩斜面になったところに雪が盛ってあるのに気付かず突撃。弾《はじ》き飛ばされて腕を骨折した。注意力や判断力、それにとっさに対応するリカバリー力などが、低下しはじめていたのかもしれない。その後、ぼくは二度、スキーで骨折を経験した。めげないオトコというよりは、反省がない。失敗をすぐに忘れてしまうのだ。けれど、忘れたふりをしても、無視しても、「老い」はしばらくするとまた体のどこかにへばりついてくる。

薄毛と、スキーで転倒骨折までは知らぬ存ぜぬを通してきたが、心房細動は三度目の正直。心電図という動かぬ証拠を突き付けられて、ついにぼくも「老い」を認めざるを得なくなった。

「老い」は見ぬふり、知らぬふり

日本にホスピスを広めた淀川キリスト教病院の柏木哲夫先生とリモートで対談した際、次のような笑い話を教えていただいた。ある学会の講演で、老人ホームの施設長が話したものだそうだ。

老人ホームでは、老いと死は日常茶飯事だが、入所しているご老人たちは、あまり老いや死について話題にすることがない。それはよくないのではないかと思った施設長。「今日は入所者と老いについて話をしよう」と、散歩中の数人の入所者に近づいていった。後ろから、「おいおい（老い老い）」と声をかけた。しかし、なぜか、みんなすっと横を向いてしまった。

無視された施設長。今度は、雑談をしている別の入所者たちに、「よし、この人たちと死について話し合おう」と話しかけた。すると、彼らは、人差し指を唇に当てて「シー

（死）」と言った。

シーっとかん口令を敷かれる「死」。おいおいと呼び掛けられても、自分のことだとは認めたくない「老い」。死や老いを受け入れることの難しさが伝わってくる。

精神科医のエリザベス・キューブラー・ロスは、死を受容するまでに五段階の心の変容があると説いた。まず「否認」し、次に、どうしてオレが？と「怒り」を感じる。やがて死から逃れるために何かにすがろうと「取引」するが、やはり死から逃れることはできないと「抑うつ」になる。こんなしんどい葛藤を経て、多くの人はようやく「受容」に至る。

ぼくは、「老い」もまた、「死」の受容と同じようなプロセスをたどるのではないかと思い、柏木先生に尋ねてみた。すると、柏木先生も、それはおもしろい考えですね、と言う。「老い」の場合は、「死」のショックほど大きくはないかもしれない。ただし、老いの場合、一つひとつはショックが軽くても、さまざまな老化現象が次から次へと現れてきて、ボディブローのように効いてくる。

そんな老いのショックからいち早く立ち直るには、「つらさをだれかがわかってくれた、と心の底から感じること」が大事なポイントになると柏木先生は言う。

柏木先生は、ホスピスでいろんな家族を見てきた。本人は死が間近に迫っていることを理解し、死を受け入れているのに、まったく受け入れられない家族もいる。家族は最後まで励まし続け、励ますことが愛情だと思っている。だれも悪くはないのだが、穏やかに最期を迎えたいという患者さんの気持ちに、家族は寄り添うことができないのだ。

同じように、老いも、つらさをわかってくれる人がいれば、受け入れやすくなるのだろう。

こんなふうにタブー視される「死」や「老い」も、一度受け入れることができると、不思議な安心感に包まれる。死が迫っていても、老いのさなかにあっても、そこから新しく生きていくことができるのだ。

よく病院の談話室で、中高年の患者さんと見舞い客が、病気自慢や老い自慢をして盛り上がっている。若者には自虐的な行為に思えるかもしれないが、あれも、こんな自分をわかってもらいたいという切ない思いの表れなのかもしれない。

老いるショックは二度やって来る

モーレツ時代の亡霊

人生のピークを過ぎ、衰えていく自分自身に、なんとも寂しい気持ちになる。これを「老いるショック」と表現するとクスっとおかしくなって、力が抜ける。力が抜ければ、深刻な問題とも少し距離ができ、斜めから見たり、後ろから見たりできる。そんなユーモアの力は、老いや病と向き合うときにとても助けになる。言うまでもないが、オイルショックになぞらえている。

オイルショックは、1970年代、第4次中東戦争を機に原油価格が高騰したことによって始まった。73年ごろには第一次オイルショックが、79年ごろから80年代初頭にかけては第二次オイルショックが起こった。物価が高騰し、主婦たちはこぞってトイレットペーパーを買い求めた。経済への影響も大きく、50年代から続いた高度経済成長期はオイルショックによって終わりを告げた。

しかし、高度経済成長の成功体験を忘れられない日本人は、その後も生産性を追求し、効率性を高め、モーレツにがんばり続けてきた。そのマインドのなかで、置き去りにされていったのが「老い」なのではないだろうか。

ぼくは団塊の世代。若いころは、「男はこうあらねばならぬ」という圧力が強く、「モーレツにがんばって成功を手に入れる」という根性論が支配していた。そんな空気に抵抗しようと思って書いたのが『がんばらない』（集英社）だった。

老いは「世の中の役に立たない存在」「生産性のない存在」「価値のない存在」と言わんばかりに隅っこへと追いやられていった。さらに、人口の高齢化が進み、介護が社会問題になると、ますます肩身が狭くなっていったように思う。そのため、わが身に老いがやってきても、できるだけ知らぬ存ぜぬで通そうとする。けれど、それも無理だとわかるとしぶしぶ認めるが、なんとも寂しい思いになってしまうのだ。

生きていく以上、年を取っていくのは自然なこと。なのに、過剰に老いるショックを感じてしまうのは、古びた時代の亡霊に取りつかれているからなのだ。

第二次ショックを小さくするカギ

ぼくの場合、心房細動の治療を受けて、いよいよ老いが始まったなと観念したが、それほど大きなショックではなかった。自分でも冷静に受け入れられたほうだと思う。

すると、人生の先輩たちが、したり顔で言う。

「いやいや、70代なんてまだまだハナタレ小僧ですよ。老いを感じたとしても何ともない。けれど、80代になるとそんなものじゃない。ぐっと体力が落ち込んで、老いの本番がやってきます」

経験者にそう言われてしまうと、納得せざるを得ない。たしかにそうだ。老いは、もともと個人差が大きいが、その人のなかでも70代と80代では大きく違う。つまり、老いるショックは、2段構えでやって来るということなのだ。

第二次老いるショックは、第一次老いるショックと比べものにならないくらい深刻。けれど、第一次ショックのうちから、老いを進ませないように生活習慣を改善していけば、第二次ショックのダメージをずっと小さくすることができる。それは、内科医として多くの患者さんを診ながらよくわかっていた。

ぼくは、今まさに第一次老いるショックを迎えたばかり。この時期に心房細動にきちんと対処して、心房細動が起きないような生活習慣へと行動を変えていくことで、高血圧や肥満、糖尿病の予防につながる。もちろん、心房細動が原因で起こる脳梗塞や心不全を防ぐこともできる。

そんなふうに考えると、第一次老いるショックの今こそがとても大事な時だと気付いた。これから先の「老い」の質を左右するカギを握っているのだから、ボヤボヤしてはいられない。

カマタ、まな板のコイになる

循環器科で診察を受けていると、たくさんの人が集まって来た。なんだか、企《たくら》みのにおいがした。

循環器科のほかの医師や、心不全外来の栄養士、運動療法をする理学療法士、病院の広報までやってきた。諏訪中央病院では、「ほろ酔い勉強会」と称し、地域の人に向けて健康情報を発信している。その担当の医師にいたっては、ＹｏｕＴｕｂｅで健康番組を制作配信しているプロフェッショナル二人を東京から連れてきた。

何か企んでいるな、というぼくの直感は当たった。どうやら、次回の「ほろ酔い勉強会」で、ぼくをまな板の上にのせ、一般の人にもわかりやすく、不整脈や心不全について理解してもらおうという魂胆らしい。ぼくの「老い」が役立つなら、喜んでまな板のコイになろうと、快諾した。

ちなみに「ほろ酔い勉強会」は、30年近く前、ぼくが病院長時代に始めたものだ。当初は、医師や看護師たちが、夜、リラックスしながら、高齢化が進む地域でどんな医療ができるかを考えようという集まりだった。やがて地域の保健師さんたちが加わり、さらに地域の人たちが参加するようになった。長らく医師が健康づくりについてレクチャーする形をとっていたが、数年前から参加者どうしが車座になって話し合う「ほろ酔い座談会」も始まった。一人ひとりがわが事として考えれば行動変容につながりやすい。「ほろ酔い」は常に進化し、今度は、ぼくが患者として自分の話をすることになった。

「鎌田先生もそうなのか、じゃあ自分も気を付けよう」

そんなふうに思ってくれたらうれしい。そして、一緒に健康づくりをしながら、「老い」のつらさをわかり合い、励まし合うことで、この先の老いるショックを小さく抑え込んでいけたらいいなと思う。

6秒間の「心停止」

主治医に死生観を伝える

吾輩は、飼い猫である――。治療を始めてから、すっかり首に鈴をつけられてしまった。もう少ししたら、元の自由な野良猫に戻ってやるぞ。そんなふうに思っていたところ、主治医が電話をくれた。珍しく慌てた様子。心臓の状態をよく調べるために、24時間ホルター心電図を着けたのだが、睡眠中にぼくの心臓が6秒間、停止していたという。

えっ、6秒間？　ちょっと長いな、と思った。

心臓が6秒間止まったからといって、そのままこの世とオサラバなんていうことはない。まったくゼロというわけではないけど、その可能性は極めて低い。原因にもよるが、服薬治療をしているのに、4～5秒の心停止がある場合はペースメーカーが検討される場合がある。仮定の話ではあるが、万が一、ペースメーカーが必要になったとしても、今はつけたくない。そうした考えは主治医にはっきり伝えなければ、いつまでも首につけられた鈴を外せそうにない。

ちょうどいい機会だと思って、日ごろ思っていることについて伝えた。

「ぼくの望みは、生きている間はピンピンしていたい。生きる長さにはこだわっていない。そのまま心臓が止まったとしても、先生を責めないよ。家族にも、ぼくの覚悟はちゃんと伝えているから大丈夫」

主治医はわかりましたと言い、ぼくの言葉を受け止めてくれた。

主治医と患者は、信頼関係が大事だ。でも、「信頼関係」は、ただ主治医の言うことをよく守るという意味じゃない。患者の側からも、「ぼくはこうしたい」という希望をはっきりと伝えていいのである。医師も患者の言葉を待っている。それを医師が専門家として判断し、患者と二人で最良の策を考えていく。信頼とは、そうやって築かれるものだと思う。

シーパップ大騒動

ここでちょっと吾輩の主治医について紹介しておこう。わが主治医は、病院の会議などではいつも下を向いて、うたた寝をしているような印象がある。けれど、会議の内容はしっかりわかっていて、突然、指名されても慌てることなくきちんと答える。しかも、それまでの発言者とは違う視点から発言をするので、膠着《こうちゃく》状態の会議では一目置かれる存在である。居眠りをしているのに、なぜそんな芸当ができるのか。ぼくは密《ひそ》かに〝ドクター眠狂四郎〟と呼んでいた。

6秒間の心停止の原因を探るうち、睡眠時無呼吸症候群が見つかり、心房細動の原因となっている可能性が浮上してきた。

睡眠時無呼吸症候群は、日本では200万人いるといわれている。肥満や加齢と関係が深い病気で、睡眠中、十分に酸素を取り込むことができないために、高血圧や心筋梗塞などになりやすい。睡眠時無呼吸症候群の人は高血圧のリスクが2倍に、心筋梗塞や脳梗塞のリスクが4倍になるというデータもある。

ドクター眠狂四郎は、シーパップという治療が第一選択だという。機械で圧力をかけた空気を鼻から気道に送り込み、気道を広げて睡眠時の無呼吸を予防する治療法だ。ぼく自身も医師としてシーパップの有効性は体験していた。睡眠時無呼吸症候群が原因で難治性の高血圧症になった患者さんが、シーパップで血圧のコントロールが非常に良くなった例もある。昼間ぼうっとしたり、ウトウトすることも改善し、快適に仕事ができるようになった例もある。手術以外ならなんでもやってみようというぼくは、すぐにシーパップを開始した。

ところが、実際にやってみると、うまくいかない。鼻から強制的に空気を送り込まれるタイミングが、自分の呼吸と合わないのだ。鼻と口を覆うマスクも、ぼくにとっては猿ぐつわのように不愉快だった。それればかりか、だんだん冷や汗が出てきて、頻脈発作に襲われた。心拍数が140に跳ね上がってしまった。

耐えられず救急外来へ行った。発作性上室性頻拍というのが起きていた。点滴で、脈をゆっくり打たせる薬を入れたが、なかなか正常に戻ってこない。結局、一泊入院となってしまった。

もう、シーパップは懲り懲りだ。「自由を束縛されるようなのは性に合わない」と訴えると、「もう少し他の方法を試してみましょう」とドクター眠狂四郎。そう言いながら「やってみてダメならば、もう一回入院してシーパップを導入しましょう」とも。

患者に猶予期間を与えて許容範囲を大きくしながら、治療にとって大事なことはつねに選択肢から外さない。さすが眠狂四郎の円月殺法と尊敬しつつ、ぼくも自分の意向を伝え続けていくつもりである。

枕とマウスピースのいびき防止作戦

睡眠時無呼吸症候群では、睡眠ポリグラフ検査（ＰＳＧ）を行う。鼻の下にセンサーをつけて、いびきの状態や空気の流れを検知し、指から血液中の酸素濃度を測りながら、睡眠中の呼吸状態や上気道の狭窄《きょうさく》の有無を調べる検査だ。ぼくは、この結果、睡眠時無呼吸症候群と診断された。

それとは別に、自分でも睡眠時の状態を知りたいと思い、スマートフォンの熟睡アプリで、いびきの状態を記録した。すると、一晩に合計49分間、いびきをかいていることがわかった。いびきの主な原因は、肥満や寝相によって気道が狭くなること。さらに気道が狭くなって閉塞すれば、無呼吸になる。脳腫瘍や脳卒中などで、呼吸中枢に異常がある場合、気道の閉塞とは関係なく無呼吸になることもあるが、ぼくの場合はおそらく気道の狭窄が問題なのだろう。

シーパップ療法をしないとなると、どうすればいいか？　てっとり早いところで「枕」作戦に打って出ることにした。枕で気道の狭窄を防げれば、いびきも少なくなるかもしれない。単純だけど、やってみる価値はある。

さっそく、いびきを改善するという枕を見つけ、形違いで二つ買って試してみた。熟睡アプリで、いびきの時間を計測すると、10分未満という結果になった。

えっ？　あっけない結果に、拍子抜けしてしまった。枕だけでこんなにいびきの時間が変わるものなのかと、自分でも信じられなかった。その後、諏訪中央病院の口腔外科で作ってもらったマウスピースと併用すると、さらにいびきは改善した。

「老い」とつきあっていくには、自分で工夫することも大切だと思う。ぼく自身、体を整えるため、寝る前の〝儀式〟が増えた。夕食が終わって、入浴後、スクワットやランジ、腹筋、腕立て伏せを行う。特に大事にしているのがストレッチ。硬くなった筋肉や腱《けん》を伸ばしてやる。ストレッチは副交感神経を刺激するメニューが多いので、睡眠に向かうときにするのはちょうどいい。

運動の仕上げは腹式呼吸。3秒、鼻から息を吸って、お腹《なか》を膨らませ、7秒かけてゆっくりと息を吐き出していく。お腹と背中がくっつくイメージで横隔膜を上げる。横隔膜の下には副交感神経が密集しているので、血管が拡張し、血液の循環がよくなる。不整脈も起こりにくくなる。これらを一通り終えたら、マウスピースをつけて眠る。

このルーティンを始めてから、熟睡感が得られるようになった。昼間の生あくびもほとんど出ない。ぼくとしては、この方法が性に合っているように思えた。

上機嫌なぼくに対して、主治医はちょっと慎重。本当に睡眠時の呼吸状態が良くなってきたかは、終夜、睡眠ポリグラフ検査をしてみなければ安心はできないと冷静だ。たしかにその通りである。その通りではあるが、自分なりに手探りで、ちょうどいいアンバイを探すことも大事だと思っている。

マウスピースをつけるとき、ぼくは頭のなかで妄想する。ぼくはリングに上がるボクサー。戦う相手は「老い」。グローブで上手にガードしながら、相手のパンチをひらりとかわす。ボクシングなら、交感神経を刺激してアドレナリンだけをバンバン出せばいいが、老いとの戦いはアドレナリンだけではうまくいかない。時々、なにクソと闘志を燃やしながらも、副交感神経を刺激して「なるようにしかならない」と受け入れる戦法が有効だと思っている。いいイメトレは、いい現実を引き寄せる。

先輩から元気のおすそわけ

オシッコしながらジャンプ?

心房細動の発作が少しずつ減っていき、ほっとしはじめたころ、今度は下腹部の激しい痛みに襲われた。原因は「尿管結石」。一難去って、また一難である。

結石が小さければ、自然に排出されることもよくある。たくさんの水を飲んでジャンプをしたが、なかなか出てこなかった。

「鎌田先生、かかと落とし程度の刺激では石は出てきません。しっかりジャンプしてください」

泌尿器科医は、ぼくが高齢者にかかと落としをすすめているのを知っている。

どうにか自然に排出できないものかといろいろ情報を集めていたところ、ネットである泌尿器科医が「排尿している最中にジャンプするといい」とすすめていた。いったい、どうやってオシッコしながらジャンプができるか。頭の中で想像しただけで、妻に怒られそうなので、これは却下した。

「横になって排尿すると、結石の位置が変わって排出されやすくなる」という泌尿器科も見つけた。寝ながらオシッコ、これも心理的になかなか難しそうだ。

結局、アクロバティックなことはできず、体外衝撃波結石破砕術（ＥＳＷＬ）を受けることになった。日帰り手術である。

坐薬にあたふた

この治療は、お尻側から、尿管に滞っている石を目がけて6000発の衝撃波を打ち込む。けっこう痛い。音も、ものすごい。全身麻酔はかけず、軽い痛み止めと眠り薬の中間くらいの薬を点滴し、鎮痛剤の坐薬で痛みをしのぐ。

その坐薬を、治療室へ入る前に病室で渡された。ちょっと手に取って眺めていたら、「お入れしましょうか」と不意に声をかけられた。顔を上げると、若い看護師さん。お尻を見られるのもいやだし、申し訳ないという思いもあって、「いや、自分でやります」と平静を装った。

しかし、内心はちょっと焦っていた。あまり病気をしたことのないぼくは、自分で坐薬を入れたことがなかったのだ。47年間医師をやっていて、たくさんの患者さんに解熱剤や痛み止めの坐薬を出してきたのに……。

とりあえず、トイレに行った。立った姿勢のまま、自分で肛門を探して薬を入れてみた。気持ちが悪いのでつい力む。力むと腹圧がかかって、ポロッと坐薬が出てきてしまう。オットット、慌てて手で押さえる。腹圧がかからないようにするには、寝た姿勢のほうがいいと気付き、再び病室のベッドへ。寝ながらトライしてみたら、今度はなんとかうまく入った。

患者としては、まだまだ駆け出しだなあ。ひとり苦笑い、である。

人生いちばんの収穫

尿管結石の治療はうまくいった。

術後1回目のトイレでは泥のようなオシッコが出た。2回目は、泥が少し薄まって、コーヒーのような色になった。3回目は血が混じったピンク色だった。用を足した後、便器を覗《のぞ》き込むと、2日間ほど砂粒のようなものが沈んでおり、砕いた石が排出されていることが確認できた。

2週間後、泌尿器科でレントゲンを撮ってもらうと、石は完全に消失していた。

「鎌田先生、完治です。泌尿器科の薬はもう一切ありません」

久しぶりに晴れ晴れした気分である。

治療に明け暮れ、気が付くと季節が変わっていた。ある晴れた秋の日、高齢の夫婦がキノコを届けてくれた。立派な天然のマイタケ。貴重な山の恵みである。午前中に夫婦で山に入って、採って来たのだという。

夫のスグルさん（仮名）は数年前、80代半ばで、腹部大動脈瘤《どうみゃくりゅう》が見つかった。動脈瘤は破裂してしまうと命にかかわる。手術をするのも一つの選択だったが、本人は迷っていた。セカンドオピニオンを求められ、「ぼくだったら手術を受けないな」と話した。

スグルさんの動脈瘤はそれほど大きくなかったことと、高齢で手術は負担が大きいというのがその理由だ。それよりも、血圧を上げないように薬を飲みながら、生活習慣に注意して、うまくつきあっていく作戦で意見が一致した。

手術を受けないことを希望していたスグルさんだったが、動脈瘤が破裂しないように慎重になるあまり、出歩くこともまれになっていった。

「ずっと動かない生活をしていると、動けなくなってしまうよ。できるだけ普通に生活しよう」

フレイル（虚弱）になることを心配したぼくは、そうアドバイスした。

徐々に畑仕事を再開するようになったスグルさん。体を動かしても大丈夫なことがわかると自信がついたのだろう。次第に行動範囲が広くなった。特に、秋のキノコ採りは、山の仲間もできて、スグルさんの大きな楽しみになった。

91歳になったこの秋も、大収穫を手土産にスグルさんは誇らしげである。でも、今年は、夫婦二人だけのキノコ採りになった。

「一人、二人……とみんなあの世に逝っちゃって」とスグルさん。

やっぱり寂しいのだろうな、と想像していたら、意外にもあっけらかんとこう言った。

「今は、みんなの縄張りを譲り受けて、どこに何のキノコがあっても独り占め！　今年が人生いちばんの収穫だった。長生きしてみるもんですね」

長生きした者だけが得ることができる、人生最高の収穫！　ハッハッハッという朗らかな笑い声に、ぼくもつられて笑顔になった。

アブレーション治療後、ぐずぐずとくすぶっていた心房細動の発作は、少しずつ減っていった。電気で焼灼した心筋が癒えてくるのにともなって、次第に安定してきたのだろう。秋も深まるころには発作はほとんど起こらなくなった。

スグルさん夫婦には負けていられない。ぼくも、体の調子をみながら、負荷の高い筋トレを始めることに決めた。

第2章

一歩引いて「老い」を手なずける

老いは、長生きの残念なオマケなの？

猫の寿命が延びる薬

21年7月中旬、猫の腎臓病を治す薬が開発されるかもしれないというニュースが駆け巡ると、全国の愛猫家たちが色めき立った。腎臓病は、猫の死因の上位を占めている。この治療薬が開発されれば、猫の寿命が10～15年ほど延びて、30歳まで生きられるのも夢ではないというのだ。

この治療薬についての記事が時事通信社からネット配信されると、多くの愛猫家から研究している東大基金宛てに寄付が殺到した。その額がすごい。わずか2週間余りで約1億4600万円が集まったという。

それにしても、この研究のキモは何なのだろうか。

研究を進めている東大大学院の宮崎徹教授は、血液中のあるタンパク質を発見し、「A

IM」と名付けた。AIMは、体のなかにある死んだ細胞や老廃物といった〝ゴミ〟に集まる。そして、マクロファージなどの細胞に、「ここにゴミがあります」と知らせる働きをしていることを突き止めた。

腎臓病は、急性腎障害によって死んで剝がれ落ちた細胞が、尿細管という管をふさいでしまうことで悪化する。通常はAIMがふさがった尿細管に集まって、ゴミがあることを知らせてくれるため、尿細管は掃除されて、腎臓の障害は治っていく。

しかし、そのAIM、人間や犬はもっているのに、なぜか猫はもっていない。ならば、AIMを培養細胞から取り出して精製した薬を用いれば、猫を腎臓病から救うことができるのではないかというのが、この治療薬の発想だ。

獣医の協力のもと、すでに猫の腎臓病の進行を止めるなどの例を確認しているという。これがうまくいけば、腎臓病で透析を受けている人間の患者さんにとっても、朗報となるかもしれない。

その宮崎先生、東大を辞めて「AIM医学研究所」を創設し、この薬の開発に専念するという。早ければ23年の承認申請を目指している。

ただ気になるのは、寿命が延びたぶんだけ、老いの問題が深刻になるということ。猫の腎臓病を治療できたとしても、白内障や関節の病気、がん、認知症……といった他の問題が出てくる可能性がある。老いはやっぱり避けることができないのか？

スローライフにもほどがある

猫の寿命が延びるかもしれないと聞いて、他の生き物は何歳まで生きるのだろうか、好奇心がわいてきた。

身近なところでは、コイ。約70年生きるといわれるが、226年生きた錦鯉もいる。オウムも大型のものは100歳になるものもいるという。飼い主のほうが先に亡くなってしまい、行き場に困ったオウムの話も聞く。すし屋でよくお目にかかるミル貝、その一種ダイダックの多くは160年以上も生きている。ウニもけっこう長生きで200年生きる。今度、すし屋でミル貝やウニを食べるときには、なんだかフクザツな思いがするだろうな。

10年以上前だが、エクアドルのガラパゴス諸島に行ったことがある。ダーウィンが1835年に1か月ほど滞在し、進化論のヒントとなった島だ。

ゾウガメの亜種であるピンタゾウガメのロンサム・ジョージはぎりぎり存命中で、会うことができた。ゾウガメでは200歳、250歳と長寿の個体が報告されているが、ロンサム・ジョージは2012年に推定100歳で死亡した。ゾウガメにしては、まだまだ若い死だった。

ちなみに「ロンサム・ジョージ」（孤独なジョージ）と呼ばれるのは、子孫を残さなかったためだが、最近の研究では、ジョージと血縁があるかもしれないゾウガメが発見され、検証が待たれている。

北極海などの深海にすむニシオンデンザメは、400年以上生きられるとか。全長約5メートルのある個体は推定272～512歳といわれる。長生きの秘訣《ひけつ》は、冷たい深海で、ゆっくりと成長することにありそうだ。メスは成熟するまで150年もかかるというから、なんとも気が長い。

サメというと映画「ジョーズ」のように俊敏で、獰猛《どうもう》なイメージだが、ニシオンデンザメの泳ぐ速度は時速1キロとかなりのんびりしている。尾びれを左右に振るのに7秒もかける。そんなニシオンデンザメにしても、ゾウガメにしても、かなりのスローライフだ。

落ち着きのないぼくにはとても真似できそうもない。もっとも、彼らの世界にも、彼らなりにせっかちなヤツはいるかもしれないけど。

「老い」にも意味はあるはず

生き物の世界では、長く生きたものが必ずしも「勝ち」というわけではない。生存戦略として、早死にを選んだ生き物もいる。短命でも子孫をたくさん残せれば、種の生存にとって有利に働くということだ。

たとえば、「はかない命」の代名詞、カゲロウの成虫は、数時間しか生きられない。子孫を残すという目的が何をおいても優先されており、餌を食べるための口は退化している。潔いような、切ないような命の終わりである。サケも3〜4年生きた後、川を遡上して子孫を残すが、ほとんどの場合、そこで命を終える。途中で、人間やヒグマに食われるのは、無念だろうな。

それに対して、人間は長生き戦略をとってきた。環境を整え、医療を発展させて寿命を延ばしてきている。厚生労働省が発表した最新の日本人の平均寿命は、コロナ禍でもあまり影響を受けず、女性87・74歳で世界一、男性81・64歳でスイスに次いで第二位となった。

この寿命、さらに記録を伸ばす可能性があるという。アメリカのワシントン大学の研究では、今世紀中に122歳を超える可能性はほぼ100％。130歳の誕生日を迎える人が現れる可能性も13％あると予測している。

記録で確認できる史上最高齢は、1997年に亡くなったフランス人女性の122歳。この記録が今世紀中に大きく塗り替えられる可能性があるというのだ。ちなみに、2022年2月現在で世界最高齢は、田中カ子《かね》さん119歳。賛否両論のなかで開催された東京五輪では、全国を巡る聖火リレーのランナーに名乗りを上げ、話題を呼んだ。田中さんは、車いすで福岡県を走る予定だったが、新型コロナウイルスが入所する施設に広がることを心配し、聖火ランナーを辞退した。

ただし、こうした超長寿者はごく一部の人たちで、大多数の人たちはもう少し短命になる。それでも、80年、90年という長い人生を生きれば、だれもが「老い」の課題に直面する。その「老い」を、長寿の残念なオマケにしておくのはもったいない。なぜ人間には長い「老い」の期間があるのか。そして、「老い」にはどんな価値があるのか。「老い」とがっぷり四つに組むのでなく、一歩引いてみることで、その価値が少しずつ見えてくるはずだ。

老いとは、ほどほどの距離感で

いつの間にか居座っている〝うろんな客〟

絵本作家エドワード・ゴーリーの作品に、『うろんな客』（柴田元幸訳、河出書房新社）という作品がある。日本語訳が短歌形式になっていて、それがモノクローム線画にマッチしている。不気味さとユーモアの中間のような味わいに、ぼくはすっかりゴーリーファンになってしまった。

ストーリーもシュール。ある日、ある家族のところに、不思議な生き物がやってくる。

この得体の知れない客は、廊下を走り、言うことを聞かず、蓄音機のラッパの部分を奪い取り、本を破り取る。客は次々とやっかいなことをしでかすが、17年経ってもいっこうにいなくなる気配がない、という記述で物語は終わる。

この「うろんな客」とはいったい、だれのことなのだろうか。

訳者は「子ども」のことを表しているのではないかと書いている。たしかに、子どもを授かると、夜泣きをしたり、こちらの都合なんておかまいなしにぐずったり、親の生活リズムは大きく乱される。イヤイヤ期などはこれでもかと、親の忍耐を試される。やがて純粋で残酷なまなざしで、大人の常識といわれるものを覆しにかかるのである。それをゴーリーは「うろんな客」というドライで独特な言葉で表現したのかもしれない。なるほど、なるほど。

70歳を過ぎたぼくにとっては、子育てはすでに遠い記憶になっている。この得体の知れない客は、子どもというよりも、今の自分のなかに増えてきた「老い」や「病気」のほうがしっくりくるように感じた。

不整脈を起こしてハラハラさせるお客。睡眠中に6秒間、心臓を止める困ったお客もいる。太ももやすねがかゆくなって、いてもたってもいられない。お前はだれだと尋ねたら、老人性皮膚掻痒症《そうようしょう》と名乗った。こいつは保湿クリームを塗るようになってからは、なりを潜めている。老眼もあるし、聴力の低下もある。ちょっとしたもの忘れなんて、もう何年も前からすまし顔で居座っている。

気が付けば、1人、2人、3人……と、うろんな客が増えている。本当は自分自身の一部なのだが、自分の一部だと思うと責めることも切り離して考えることもできない。だから、老いは「うろんな客」くらいの距離感がちょうどいい。

彼らは、無理やり追い出そうとすると、かえって事態をこじらせる。それよりも、上手にもてなして、まるめこむのがいい。今のところ、あまり暴れん坊な客はいない。あんまり歓迎したい客ではないが、いてもそれほど苦ではない程度につきあっていくことはできそうな予感がしている。

一人称と三人称の〝間の視点〟

ノンフィクション作家・柳田邦男氏は、『犠牲（サクリファイス）―わが息子・脳死の

11日』（文藝春秋）のなかで、3つの死の人称について書いている。

自分の死…一人称の死
家族など親しい人の死…二人称の死
医師など第三者による客観的な死…三人称の死

医師は、専門性をもった三人称であるけれど、「もし、自分の家族だったらどうするか」と家族に寄り添い診療に携わるべきだと、柳田氏は述べている。それが三人称と二人称の間、「二・五人称の視点」である。

ぼくも、患者さんやご家族と、医療者の距離を埋める、「間の視点」をずっと大切にしてきた。たとえば、患者さんを診察するときや、地域の人たちの健康づくり運動を指導するときは、ただ脳卒中を予防する方法など客観的な情報を話すだけでは伝わらない。それは三人称の視点で語られた情報だからである。どうしたら予防の大切さをわかってもらえるか、できるだけ一人称の視点を想像して、本人が実現できそうな提案をした。

一人暮らしの高齢男性にただ「タンパク質をたっぷり摂《と》ろう」と言っても行動変容にはつながらない。けれど、「やきとり缶と卵をレンジでチンして、親子丼にして食べよう」と具体的にすすめると、やってみようという気になってくれるのだ。

最近は、ぼく自身が年齢を重ね、一人称としての老いを実感するようになった。外来で、「ぼくはこういう工夫をしているんだけど」と患者さんに語ることで、共感が生まれる。共感が生まれると、不思議と患者さんの血圧が少し下がったり、血糖値が下がったりする。「血圧も血糖値もいい状態に向かっていて、ぼくはとってもうれしいよ」と伝えると、「ああ、先生が喜んでくれるのか」とまた共感が生まれる。

医師も患者も、老いを共感しながら、一緒に老いのスピードを緩めていこうよという方向にすすめると、いいなと思う。

そして、自分自身の老いと向き合うときには一人称の視点だけではなく、あえて三人称の視点も忘れないようにしたい。少し離れたところで自分を俯瞰《ふかん》し、あたたかく見守る視点を持つことで、自分の老いとうまくつきあっていけるように思う。老いの当事者である一人称のぼくと、三人称のぼくが向かい合ってコーヒーを飲み、「最近、調子どう?」なんて語り合えたらいいなあ。

人生を俯瞰する樹木希林的まなざし

ミスはおもしろい

10年以上前、俳優の樹木希林さんと何度か、がんについて対談したことがある。ぼくのどこを気に入ってくれたのだろうか、しばらくして、突然、樹木さんから電話がかかってきた。何事かと身構えると、ご自宅に誘われた。約束の時間を待っていると、自分で車を運転して、迎えに来てくれた。

マネージャーはおらず、仕事のオファーはファクスで、早いもの順。ギャラの交渉も自分でする。運転手はいないから、自分で車を運転していく。このスタイルは、亡くなるまで続いた。

ご自宅に通されて驚いた。コンクリート打ちっぱなしのモダンな造り。味のある家具がすっきりと配置されていた。物は選び抜かれたものだけ。大切なものは、洋服でも着物でも、その命が尽きるまで使い続ける。

むだなものを持たない生き方をするために、プレゼントもお土産ももらわないようにしていた。そのまま宅配便でお返ししてしまうこともあるというから、かなりの徹底ぶりだ。

「素敵な家ですね」と言うと、思わぬ方向へ話題が及んだ。施工中、大工さんに「ミスしても、すぐに直さないで」とお願いしていたという。「ミスはおもしろい結果になることもある。おもしろかったら、そのまま残しておきたい」

なるほど、と思っていると、樹木さんは自分の顔を指さしながら、ニヤッとした。

「この顔もミスなの」

美人女優ではないから、映画界で長くやってこられたと言うのだ。大笑いした。

「がんになってよかった」

がんについての対談でも、樹木さんの人となりがわかる話がたくさん飛び出した。末期がんでも、大きな感動を受けたり、奇跡のようなすごい景色を見たりしたときなどに免疫力が活発になる。がんが消退することも、ごくごく稀《まれ》にある。ぼくがそんな話をしたとき、樹木さんは「そういうこともあるでしょうけれど、私にはない」と断言した。

「なぜ、私にはないかというと、自分を信じ切れないから。素直に感動せずに、どこか自分の心に疑いをもっている。疑うことなくスポンといくような人にはそういう変化があるだろうなと思います」

自分自身との距離感がちょうどいい人だと思った。自分を憐れむでもなく、あきらめるでもない。冷静に、自分自身を俯瞰している。

「役者は、役に陶酔してはだめ。俯瞰していることが大事」というのは、樹木さんの役者論だが、彼女の生き方にも通じるように思った。

乳がんと言われた時も、俯瞰していた。04年、樹木さんは映画の出演を依頼されていた。撮影はタイ。12月24日まで撮影し、26日から孫を呼んで、一緒にプーケット島でのんびりする計画だった。しかし、乳がんが見つかり、映画出演も、孫とのリゾートもキャンセルした。

すると、12月26日、スマトラ島沖地震が発生。孫と過ごすはずだったプーケット島はもちろん、東南アジア全域に大津波が押し寄せ、多数の犠牲者を出した。

「もし、孫に何かあったら取り返しがつかなかった。がんになってよかった」

樹木さんの考え方は、とても多面的だ。単に前向きとか、楽観的というのではない。樹木さんは一見、不幸な出来事も不幸一色ではなく、幸せな出来事も、いいことばかりではないということを経験的に知っていたのだと思う。がんになった人生とがんにならなかった人生、華やかな美人女優とそうでない女優、どちらが損か得かなんて、単純には言い切れないのだ。

「どの場面にも善と悪があることを受け入れることから、本当の意味で人間がたくましくなっていく。病というものを駄目として、健康であることをいいとするだけなら、こんなつまらない人生はない」(『一切なりゆき』文春新書)彼女の言葉には、いつもうならされる。

年が明けた05年、彼女は乳がんの手術を受けた。このときのエピソードもおもしろい。医師に乳房の全摘手術と温存手術があるが、どちらを望むかと聞かれ、「先生は、どの手術がやりやすいですか」と聞き返した。医師が「全摘」と答えると、「じゃ、やりやすいようにやってください」

ぼくが、あまり悩まないんですね、と言うと、「よく人からそう言われるけれど、私だって悩む」と樹木さん。

「でも、30秒」

30秒の熟考か、かっこいいなと思った。

失敗も味や笑いに変える

樹木さんのお宅に呼ばれたとき、夫・内田裕也さんの若いころのポスターが飾られていたのを今でも覚えている。滅多に帰ってこない夫。帰ってきたときには、ガレージでガタガタと音を立て、「こんなすごい家、建てやがって」と悪態をつきながらやってくると楽しそうに語っていた。

一見すると樹木さんが、ハチャメチャな裕也さんが暴走しないように、手綱を引いているように見える。でも、実際のところ、樹木さんのほうが裕也さんを焚《た》き付けていたのかもしれないと思えてきた。もっと内田裕也らしく破天荒に生きろ、と。

「物づくりというのは、片方で壊しているんです」

樹木さんは、そんなハッとするようなことも言った。つくることは壊すこと。その逆も真なりで、壊すことはつくることでもある。衰えていくことと、熟達していくことも、そうした相互関係にあるのだろう。「老い」のなかの「成長」について、樹木さんならきっとユニークな答えをくれただろう。

二人はいつも一緒にいるような、わかりやすい夫婦関係ではなかった。安定した関係や家庭の団らんを求めるのではなく、関係を壊しながら新たに再生していくような絆《きずな》が、二人の間にあったのではないかと感じた。だとすれば、樹木さんは裕也さん以上にロックンローラーだったように思う。

彼女の生き方を表すような、クスリと笑ってしまうエピソードがある。どこか地方の会館のオープニングセレモニーに招待されたときのことだ。ホテルに前泊し、当日の朝、自分で着物を着つけていたら、帯締めを忘れてきたことに気が付いた。あれがないと決まらない。ピンチである。

ホテルの部屋の中を見渡して、ひらめいたのが、電気ポットのコードだった。端っこにプラグが付いていて余分だが、コードの質感が帯のいいアクセントになった。

セレモニーには皇室の方も来られていて、ごあいさつをした。「いいお着物ですね」と言われ、帯の中に隠したプラグを見せたい衝動に駆られたという。ちゃめっけたっぷりなのだ。

樹木さんは、いつだって「今、ここ」で勝負してきた。役者という仕事がそうである以上に、生き方がそうなのだろう。だから、どんな失敗にもめげない。それを味や笑いにも変えてしまう。まるで、はじめからそれを狙っていたかのように。

そんな樹木希林的生き方に、たくさんの人がファンになった。

最期は、孫の声が聞こえるところで、「じゃあ、ありがとう」となったらいい。そう語っていた。冗談なのか、夫が「おう、大丈夫か」と言ったら、「まあご親切に。おたく、どちらさま?」って、これだけは言ってやりたい、とも語っていた。

彼女の最期からは、自己決定の大切さを学んだ。余命宣告をされてから、淡々と自分で準備を進めていた。「最期は自宅がいい」と娘夫婦に言い、その通りになった。2018年永眠。

「逆・年功序列社会」なんかに屈しない

受け入れなくてもいい「老い」もある

「老い」には、「肉体的な老い」「心理的な老い」「社会的な老い」の3つがある。

「肉体的な老い」は、わかりやすい。視力や聴力が低下した、足腰が弱くなった、血圧が高くなった、などの身体的な変化である。しわやシミ、白髪など見た目の変化もこれに当たる。病気も増えてくる。

「心理的な老い」は、変化を恐れ、挑戦や冒険を避ける。頑固になり、考え方に柔軟性を失ってしまう。アパシーという無気力や無関心の状態になると、認知症のリスクが高くなる。わかったような気になって好奇心を失うことは、たとえ若者でも心理的に老いている。

この肉体的な老いと心理的な老いは、内側から老化現象として起こってくるものだ。しかし、最後の「社会的な老い」は、社会の側が決めた仕組みや慣例であるために、個人の老いとはマッチしないことも多い。

3年前、古稀《こき》を迎えたとき、知人からお祝いしてもらった。紫の色の花束と、リボンがかかった包みをいただいた。古稀の色は紫ということで、徹頭徹尾、なにもかも紫である。

包みを開けてみると、紫色の電話の子機が入っていた。古稀だから子機というシャレらしい。厳密なことを言ったら、子機ではない。昔なつかしい黒電話の受話器の形をした通話器で、スマートフォンのジャックに挿せば通話ができるのだそうだ。

もう一つ、Tシャツが入っていた。これも紫色で、相田みつを風の書体で「古稀だもの」という文字が書かれていた。

このTシャツを着て歩くのは、ちょっと勇気が必要だった。人に年齢を知られるのはまったくかまわないが、こんなふうに「古稀」を宣伝して歩くのはさすがにハズカシイ。めったに人に会うことがない公園なら平気だろうと思って着ていくと、そういう日に限って人が多い。気のせいか道の向こう側のタクシーのドライバーがこちらをじっと見ている。いやだなあ。

そのうちドライバーが車を降りて、足早にやってきた。何の用かわからないが、ぼくはくるりと背中を向け、大股でウォーキングをするふりをして、慌ててその場から立ち去った。帰ってから家人に話し、大笑い。こんなにドギマギするのも久しぶりだった。

「らしくない」生き方

ぼくはけっこう「らしさ」にこだわって生きてきた。「鎌田らしくない」と思うものは、できるだけ避けてきた。

10年ほど前、テレビの出演依頼が相次いだ時期がある。自分で言うのもなんだが、わりと引っ張りだこで、NHK紅白歌合戦の特別審査員なんかにもなった。「たけしのTVタックル」(テレビ朝日系)や爆笑問題の番組などからも出演依頼があったが、お断りした。田舎医者のぼくらしくないと思ったからだ。

2020年12月、オンライントークイベントがあった。テーマは、「常識を更新せよ。多様化する社会の新ルールブック」。かなり気負ったタイトルだ。参加者も、あまり接点のないメンツである。以前のぼくなら、「鎌田らしくない」と思って、出演を断っていたかもしれない。けれど、今回は話してみたい人がいた。鈴木涼美さんである。

プロフィールがすごい。父親は大学の名誉教授、母親は翻訳家。本人は、慶應義塾大学環境情報学部を卒業し、東京大学大学院学際情報学府の修士課程を修了。日本経済新聞に5年ほど勤めている。その一方で、中学から高校のころには、パンツを売るブルセラ少女だった。AV女優の経験もあり、『「AV女優」の社会学』（青土社）をはじめ、作家としてたくさんの本を書いている。

こんな肩書は見たことがない。ぜひ、会いたいと思った。

実際に会ってみると、いきなり軽いパンチをくらった。

「経歴だけで出オチなんです。よくいる文系の物書きの路線と、ブルセラ少女からAV女優というよくある路線を、同時にやっただけのことです。どちらも一つひとつは没個性なんですが、意外なところを組み合わせると商品になる。抱き合わせ商法です」

なるほど、鈴木さんは、元新聞記者らしくもないし、作家らしくもない、元AV女優らしくもない。紋切り型の「らしさ」から脱することができるのは、いくつもの顔を持つからなのだろう。

ユニークな発想。親からどんなふうに育てられたのだろうか。

「親からやれと言われたことが三つだけあります。それは本を読むこと、英語を話せるようになること、友だちを作ること。この三つは、自分が信じている価値観が絶対ではないということを知るためのものなんです。結局、子どもに必要なものは、それなんですね」

ブルセラショップにパンツを売っていたとき、カバンの中には遠藤周作の『沈黙』が入っていたという。本当は『沈黙』だったかどうかわからない。とにかく、本を持ち歩いていたようだ。どんな生き方をしていても、拠りどころとなるものがあるというのはすばらしいことだと思う。

幅を利かせる若さ至上主義

風俗に詳しい鈴木さんから、「風俗業界は、逆・年功序列社会」という言葉が飛び出して、ハッとした。鈴木さんによると、風俗では、1日目が一番価値が高い。価値は年々どころか、日に日に下がっていく。これに抵抗するには、SMとかいくつかの技を持つと、少しだけ価値を持ち直すのだという。うーん、そうなのか。

でも、よく考えてみれば、年功序列が機能している世界なんて、ごく一部に限られているように思う。実際のところ幅を利かせているのは「若さ」の価値ばかりで、年を取るとその価値が目減りしていく。現代は、どこもかしこも若さ至上主義である。

たとえば、デジタル家電も、新製品ほど市場価値が高い。1年、2年と型落ちしたものは安く買いたたかれてしまう。数年経てば、修理したくても交換できるパーツすらない。

それと同じように、デジタル社会を生きる人間も、デジタルに順応しやすい若い人のほうが〝有能〟と認められやすい。デジタルに乗り遅れたオジサン、オバサンはもうお荷物扱いなのだ。

ぼくはスマートフォンこそ使っているが、とても使いこなせているとは言いがたい。もしデジタル力が求められる勤め人だったら、お荷物どころか、粗大ゴミといわれてしまうかもしれない。

でも、だからといって、そんなに自分を卑下したくない。若い人の邪魔はしたくないし、むしろ応援したいと思っているけれど、「わきまえる老人」になんてなるつもりはない。お荷物はお荷物でも、〝もの言うお荷物〟になろうと思う。

人間の価値は「若さ」だけではないはず。だれもが年を取ることに肯定的になれるよう、逆の逆、つまり「逆・年功序列社会」の逆の社会をつくっていく必要がある。

「老いるフリー」なコミュニケーション

オンライントークイベントでは、鈴木涼美さんのほかに、ロボット研究者の吉藤オリィさんも参加していた。彼と話すのは3年半ぶりだった。ある介護専門誌の取材で、彼が開発したオリヒメという分身ロボットに会いに行ったことがあった。

オリヒメは、人間の顔と胴体、腕を模したシンプルなデザインのロボットで、それ自体は愛らしくもなければ、表情もない。けれど、そのロボットと対話していると、不思議な感覚に陥った。ロボットを遠隔操作している若者が、本当に目の前にいるように感じたのだ。ロボットが腕を上下させる動きから感情も読み取れるし、よりリアルに、その場を共有しているような感じがした。のっぺらぼうのロボットが、とてもかわいらしく思え、電源をオフにするとさみしくなった。

ぼくとオリヒメで対話した若者は、4歳のときの交通事故で、首より下は全く動かすことができなかった。けれど、オリヒメという身体を得ることで、盛岡の自宅にいながら、吉藤さんの秘書として働くことができたし、全国で講演することもできた。生まれて初めて働いた、とうれしそうだった。彼はその1年後、28歳の若さで急逝した。残念である。

吉藤さんがこうしたコミュニケーション機器を開発しようと思ったのは、自身の体験が大きいようだ。病気で休んだことで学校に行きづらくなり、小学5年から中学2年まで不登校となった。孤独を感じながら、ようやく見つけた〝自分の居場所〟がロボット開発だった。

吉藤さんの研究所では、「分身ロボットカフェ」という取り組みも行っている。ALSなど外出困難な重度障害者が、オリヒメのパイロットになって接客をしている。ぼくがおもしろいと思うのは、障害者福祉や自立支援という発想とはまったく違う点にある。重度障害をもつ人たちを、いつかだれもが経験するかもしれない「寝たきり」の先輩とみなし、「寝たきり」の先にある生き方を一緒に探ろうとしている。とてもいい発想だと思う。このカフェにもぜひ行ってみたい。

オリヒメの外見は、つるんとしていてニュートラルだ。年齢も、障害の有無も、性別も、人種も関係ない。そんなオリヒメのような「老い」の概念を超えた「老いるフリー」のコミュニケーションが当たりまえになればいいな。

それには、高齢者自身も「もう年だからしかたない」なんていう、老いの呪縛から自分自身を解放してあげることが大切だと思う。

人は〝気〟から老いていく？

見た目の若さは、ダテじゃない

ぼくは20歳のときから40歳に見られていた。若いときに老《ふ》けて見える人は、年を取ったら実年齢より若く見られるよと慰められたが、本当だろうか。

2017年に105歳で亡くなった日野原重明先生が大活躍をしているころ、何度か同じ講演会に出ることがあった。それで勘違いが生じたのかもしれない、日野原先生と間違われることが時々あった。カマタは日野原先生と同級生だという話も広まった。明治44年生まれの日野原先生とは、37歳も差があるのに、である。

そんなこんなで、ぼくは見た目年齢にはまったく自信がない。それでもあまり気にはしなかった。見た目は所詮見た目、命や健康にはあまり関係ないと思ってきたからだ。しかし、ある研究論文を読んで、考えを改めることにした。

その研究とは、南デンマーク大学が、70歳以上の一卵性を含む双子1826人を8年間追跡調査したものだ。双子はほとんど同じ遺伝子をもっている。一卵性では遺伝的にはまったく同じだ。同じように老いていっても不思議ではないが、なぜか違いが生じる。その違いは何を意味するのかを調べたのだ。

研究ではまず、被験者の顔写真を撮り、いろんな年齢層の人にその写真を見せて、年齢を推定してもらった。そして、それぞれの身体能力や認知機能、老化のバイオマーカーと言われる白血球のテロメアの測定を行った。調査終了時点で亡くなっている人もいたので、寿命の長さも調べた。

その結果わかったことは、実際の年齢より見た目が若い人のほうが、健康で長寿だということ。若く見える人のほうが、身体能力も認知機能も高く、寿命も長いことがわかったのだ。見た目の若さは、ダテではなかった！

「自分は若い」と思えば若くなる？

見た目の若さを「客観的年齢」と言うならば、自分は何歳だと思うかというのは「主観的年齢」である。この主観的年齢と若さの関係を調べた研究もある。

ドイツ老年医学センターは、40歳以上の中高年5000人以上を対象に、「あなたは自分が何歳だと感じていますか？」と質問し、「機能的健康レベル」の変化を3年間追跡調査した。「機能的健康レベル」とは、日常生活動作をスムーズに行うことができるかどうかをいう。

すると、実年齢より若く答えた人ほど、機能的健康レベルの低下がゆっくりであるという結果がみえてきた。年齢のサバを読んだり、服装やふるまいを若々しくすることも、健康にとって意味があるということだろう。

なぜなのだろうか。機能的健康レベルは、加齢だけでなく、ストレスが高いことによって低下することがわかっている。けれど、「自分は若い」と思えば、ストレスによる健康への影響を弱める「緩衝効果」が生じるのではないかと、論文の執筆者は推測している。

また、「自分は若い」と思うことで、若さを保つために生活習慣を改善したり、自分自身をよくケアするようになる。だから、いっそう若々しさを自覚するようになるという、いいサイクルも生まれる。

さらに言うなら、「自分は若い」と思える人は、多少膝が痛くても、それに負けない心と、自分流の生き方のスタイルも持っているように思う。そういう気持ちがあるからこそ、「老い」のストレスを跳ね返すことができるのではないだろうか。

「病は気から」とはよく言われるが、老いも「気」が大事ということなのだ。

サバは食べてよし、読んでよし

ぼくは長く地域医療を通して、高齢者をたくさん診てきた。その体験から、老いをうまく受け入れ、生き生きと過ごしている人には共通点があると思っている。

一つ目は、とにかくよく動く。家事でも、地域活動でも、仕事でも、遊びでも、よく体を動かしている。

二つ目は、よく食べる。野菜もたくさん食べるが、肉や魚もしっかり食べる。タンパク質をしっかり摂っていることが、80歳になっても、90歳になっても動ける体をつくっている。

三つ目は、好奇心が旺盛である。

四つ目は、ちょっと〝頑固ジジイ〟にもみえるが、よく解釈すると、卓越した自分流をもっている。自分流をもっている人は、世間の「高齢者はこうあるべき」というようなものに振り回されない。そして、楽観的に「わたしは若い」と信じていることが、老いを跳ねのける力になるのだろう。

ドイツ老年医学センターの論文を読んでからぼくは、年齢を若く言うことに決めた。サバを読むのである。サバは健康にとって、食べてよし、読んでよし、ということだ。

いくつくらいサバを読むのが妥当だろうかと考えたとき、まず、年齢を逆さにするのを思いついた。73歳のぼくは、37歳である。これは、すぐに嘘がバレてしまう。ちょっと無理がありすぎて自分自身もごまかせない。79歳になったときは、逆サバを読んでしまうことになるから却下。

かといって、5歳差し引いたのでは大胆さがない。少しだけ若く思われたいという小ずるい考えを見透かされそうで何となく気分がよくない。

やはり干支一回りくらいがちょうどいいのではないか。73歳から12歳を引いた年齢だ。知り合いは冗談を言っているのだと思って、笑って受け止めてくれるだろう。時々、真に受ける人がいれば、それはそれでうれしい。

見た目も少しだけ気を遣うことにした。以前は、黒っぽいスーツに黒っぽいシャツが多かったが、スーツの下に派手なTシャツを着て講演することが多くなった。背中が丸まらないように、背筋をピンと伸ばすことを意識したり、胸郭を広げる運動をするようになった。しっかりした足腰と骨太な人間になりたいと思い、スクワットとかかと落としも始めた。タンパク質もしっかり摂っている。そうこうしているうちに、見た目が少し変わってきた。若々しくなったとほめられて、ますますアクティブに動き回るようになった。

おかげで、今は堂々と「61歳です」とサバを読めるようになった。他人がどう思うかは関係ない。ぼく自身がどれだけ信じ込めるかが大事なのだ。年齢を決めるのは、社会や周りの人ではない。自分自身が年齢にとらわれず、〝年甲斐もない〟ことを楽しめばいい。

年齢を決めるのは、その人の生き方だと思う。

第3章
人生の棚卸しでひらりと身軽になる

縄文人のささやきに耳を傾けよ！

5000年前に同じ夕日を見ていた人たち

デスクワークに疲れると、ぼくはいつものように公園へ行く。ウォーキングや軽い筋トレをするためである。広々とした公園は、ほとんど人と会うことがなく、思う存分、体を動かすことができるので、運動にはかっこうの場所なのだ。

通称「縄文公園」。田畑とせめぎ合うように広がる雑木林の間に、縄文時代の集落跡・尖石《とがりいし》遺跡や、竪穴住居を復元した与助尾根遺跡、茅野市尖石縄文考古館があり、遊歩道をたどって散策できるようになっている。

広大な雑木林の東側は、蓼科のリゾート地につながっており、別荘が点在している。都市からやってくる人たちの別荘地と、5000～4000年前の縄文人の住居跡が、雑木林のなかに同居しているというのがなんともおもしろい。森があって、きれいな水が湧き、日当たりがよくて、風の通りがいい。時代や文化が変わっても、人間が住みやすいと感じる場所というのは変わらないのかもしれない。

ウォーキングと筋トレで軽く汗を流した後、ふと視線を上げると、林の向こうに夕日が落ちていく。この光景は何度見ても息をのんでしまう。5000年前、ここに暮らしていた人たちは、いったいどんな気持ちでこの夕日を眺めていたのだろうか。

「縄文のビーナス」と「仮面の女神」

ぼくが暮らしている茅野市は、縄文中期から後期にかけて栄えた、八ヶ岳西南山麓の縄文文化圏に位置している。尖石遺跡の周辺には茅野市だけで235のムラの跡が見つかっている。現代のニュータウンのように均一に広がっていたわけではなく、小川などを境界にして、適度な距離感をもって暮らしていたようだ。

重要な土偶や土器なども出土している。棚畑遺跡の「縄文のビーナス」や、中ッ原遺跡の「仮面の女神」という土偶はぼくたちの町の誇りであり、どちらも国宝に指定されている。そんな貴重なものが、わずか4キロしか離れていない場所で見つかっているなんて不思議なことだ。

二つの土偶は、ともに女性像で、妊娠・出産をモチーフにしている。

縄文のビーナスは、丸い顔、丸いお腹、丸いお尻が印象的で、全体的にふくよかで包容力がある。

仮面の女神のほうも、お腹は丸いが、三角形の仮面のようなものをつけており、体にも幾何学的な模様が刻まれている。どちらかというと、直線的で威厳のあるたたずまいだ。

縄文のビーナスのほうが「命の讃歌《さんか》」だとしたら、仮面の女神のほうは「命への祈り」。同じように出産をモチーフにしていながら、まったく印象が違うのはなぜなのだろうか。

その疑問に対し、意外な事実を教えてくれたのは、茅野市尖石遺跡縄文館の守矢昌文館長だ。

「実は、縄文のビーナスと仮面の女神は、作られた時期が1000年も違うんです」

ウォーキングの帰りにふらりと立ち寄った際、いろいろと興味深い話をしてくれた。

ひとくちに縄文時代といっても、1万3000年以上あり、草創期、早期、前期、中期、後期、晩期の6つに区分されている。その間、気温の下降と上昇を何度か繰り返し、海面が高くなる「縄文海進」という地球環境の大きな変化も起こっている。

信州に縄文文化が繁栄したのは、5500年前から1000年間の縄文中期。気温は比較的高く、食物も豊富だったのだろう、人口も増加した時期だった。縄文のビーナスが作られたのは、そんな繁栄の真っただ中の5000年前といわれている。

一方、仮面の女神は、縄文後期の初めのころ、4000年前に作られたといわれている。この時期になると、寒冷化が進み、人口も急激に減少していく。その後まもなく、なぜか八ヶ岳山麓の多くの村は消え、無人の荒野となってしまう。さまざまな原因が推測されているが、寒冷化にともなってウイルス性の感染症が蔓延《まんえん》したのではないかという説もあるそうだ。

つまり、二つの土偶が作られた時代は性格がまったく違ったのだ。時代の隆盛を坂道に例えれば、縄文のビーナスは〝上り坂〟で生まれ、仮面の女神は〝下り坂〟で生まれた。

ぼくたちが今生きている21世紀初頭はどうだろうか。気候変動による環境の変化、大きな災害の多発、人口爆発と食糧危機、貧困、格差、感染症のまん延……と〝下り坂〟を予感させる。

老人の居場所のない社会は脆い

「これらの土偶がお墓の中に副葬されていたのも重要なポイントです。それは、亡くなった人に対しても、四季折々の輪廻《りんね》があるように、再び生まれ変わって戻ってきてほしいという精神性を表したものではないかと考えられています」と守矢館長は言う。

縄文人にとっての命は、自分一人の人生で完結するのではなく、先祖や子孫など長いタテのつながりがあり、自分はその一部だという意識が強かったように思う。生まれて成長し、家族をもうけ、老いて死ぬ。彼らがどんな一生を送り、どんな死生観をもっていたのか、ますます興味が湧いてくる。

縄文人の平均寿命は30歳といわれている。平均寿命は、新生児や幼児期の死亡率が高いと全体を押し下げてしまう。だから、全員が30歳前後で亡くなるというわけではない。縄文時代でも、子ども時代を無事に生き延びた人たちは、60代まで生きることも多かったようだ。

縄文人は、ぼくたちが思う以上に自然と共生し、持続可能な社会を築いていたようだ。

森からドングリやクリを採集し、きのこや山菜なども採っていた。犬を連れ、イノシシやシカなどの動物も狩っていた。来年も再来年も、山の恵みを得られるように、食べつくさない仕組みや考え方を生活の基本としていた。守矢館長はそれを「腹八分目の社会」と表現した。

いま世界では、「ＳＤＧｓ（持続可能な開発目標）」を掲げ、２０３０年までに飢餓や貧困、教育、健康、ジェンダー平等、平和、経済成長など17の問題を解決しようと取り組んでいる。掲げられた目標はそれぞれ別の問題のようだが、いずれも「環境」の問題から派生している。乱開発による環境破壊と温暖化ガスの排出は、異常気象や災害で人の命や生活を脅かし、貧困や飢餓、不平等という問題を生んでいる。「腹八分目の社会」という縄文人の生き方を、ぼくたちはどこで忘れ去ってしまったのだろう。

持続可能な生き方の哲学は、次の世代へ、そのまた次の世代へとつないでいかないと機能しない。その伝える役割こそ、老人が担っていたのではないか。

「おばあさん仮説」というのを思い出した。人間の女性は、なぜ子どもを産める年齢を過ぎても、元気で長生きする期間が長いのか。それは、子育て経験のある「おばあさん」が子育てをサポートすることで、母親が次の子どもを産めるようになるからといわれている。そうやって子どもを産み増やすことに、おばあさんという存在が役立っていたということだ。

では、おじいさんにはどういう存在理由があったのだろうか。社会の成り立ちの物語や危険からの身の守り方を教え、集団で生きていくための知恵を伝えていたのではないかというのが鎌田仮説だが、守矢館長の話を聞いて、あらためてその考えを強くした。縄文の老人たちも、まさに孫世代を育てながら、生きる知恵や人と協力し合う術《すべ》を教えることで、集落の繁栄を支えてきたのだろう。そういう意味で老人の居場所のない社会ほど、脆弱《ぜいじゃく》なものはない。

ネットでは検索できない生への熱量

ぼくたちの諏訪地方は、7年に一度、「御柱祭《おんばしらさい》」で大いににぎわう。樹齢200年の巨木を山から安全に切り出し、町中を曳きまわした後、諏訪大社に垂直に立てて奉納する。こんな大がかりなことを実行するには、技術力と人の力が不可欠だ。縄の結び方ひとつとっても、先人からの知恵がなければ成り立たない。そんな先人とのタテのつながりと、今生きている大勢の人のヨコのつながりを、祭りのたびに再現していくのである。

この御柱祭のルーツをたどっていくと、巨木などの自然を崇拝する縄文の精神文化につながっている。

「中ツ原遺跡には直径80センチの柱の跡が残っていますが、それは縄文後期の人間が柱を立てた痕跡なのです。何のために立てたのかはわかっていませんが、柱を立てるという行為を縄文人もやっていた可能性があるのです」(守矢館長)

かつて、柱の立て方を指導する長老がいた。彼らは囲炉裏端で、子どもたちに生きる知恵を教えていた。そうした老人の役割はつい最近まで続いてきたはずだ。

それに比べて、現代の老人の居場所や役割は、確実にすみっこに追いやられようとしている。それどころか、若者にイチイチ聞かなければ、スマホひとつに立ち往生してしまう。縄文の老人が、今のぼくたちを見たら、どんなふうに思うだろうか。

縄文の老人を羨ましがってばかりいられない。たしかに、世代から世代へとつないでいくべき技術や知恵は、ネットでも検索できるようになったかもしれない。けれど、ぼくはこう思う。人生を最後まで謳歌《おうか》しようとする熱量を、リアルな肌感覚で若い世代に伝えることができたら、それだけで老いの役割を果たせるのではないか。どんなときにも人生を肯定できるような強さと、生きるっておもしろいと思える明るい貪欲さがあれば、たいていのことは乗り越えていける。

秋から冬にかけて、縄文公園の雑木林を散歩していると、足の下に落ち葉とドングリの硬さを感じる。彼らはこれを食べていたんだなあと思う。風が吹いてきて木々がざわめく。

「どんなふうに老いを生きていくのか、じっくり見せてもらうよ」

雑木林の奥のほうから、そんな縄文人のささやき声が聞こえたような気がした。

立ち止まって、人生の残り時間を意識する

すべきことより、したいこと

年を取るとたいていの人が「人生の残り時間」を意識しはじめる。そして、これまでの人生を振り返って自問する。本当にやりたいことをやってきたか。これまでの人生でやり残したことは何か。どうでもいいことに時間や労力を費やして、大切なことを忘れていないか——。人生に限りがあることを意識すると、生き方を見直すことができるのだ。

経営では、しばしば棚卸しが行われる。今抱えている在庫を整理して、足りているもの、足りないものをチェックする。不良在庫を抱えていたらすぐさま対策の手を打たなければ、経営は危うくなる。棚卸しは、健全な経営には欠かせない作業だ。

同じように、人生にも〝棚卸し〟が必要だ。特に、人生の最終章をにらんだ棚卸しは大胆さが求められる。年を取るとそれなりに荷物が多くなるが、それらを抱え込んだままだと、身動きがとれなくなってしまうからだ。不要なしがらみはバッサバッサと捨て去って、ひらりと身軽に生きられたらいいなと思う。

まずは、一日の時間を棚卸ししてみよう。意外に、やらなくてもいいことに時間をかけているかもしれない。土鍋で米を炊き、床を磨き上げるような丁寧な暮らしというのもいいが、すべての人ができるわけではない。それよりも、自分がいちばんしたいことに時間と労力をかければいい。そのためだったら、レンジでチンするご飯を買ってきたっていいのだ。割り切ることが大事だと思う。年を取ると仕事も第一線から退いて、社会的な責任からも解放される。すべきことよりも、したいことを第一優先に時間を使えるのも老いの特権だ。

ぼく自身も、これまでよりも人生を楽しむことに時間を割《さ》きたいし、人生を楽しむために必要な体づくりの時間も大切だと思っている。そうやって99%は自分のために生きながらも、1%はだれかのために生きることも続けていきたい。老いを生きていくには、社会とつながっているということが大切なのだ。

時間の感じ方は心の持ち方次第

年を取ると時間の体感スピードが速くなって、あっという間に時間が経ってしまう。子どものころのように夢中になって遊び続け、気付いたら夕暮れになっていた。そんな濃密な時間を生きるにはどうしたらいいのだろうか。

年齢による時間の流れ方の違いは、「ジャネーの法則」で説明されている。同じ1年でも、人生の長さから見た比率は年齢によって違う。比率の大きさが、時間の体感スピードと関係するという法則だ。たとえば、7歳の子どもにとっての1年は7分の1だが、70歳にとっての1年は70分の1になる。つまり、70歳の1年は、7歳にとっての1年の10分の1に感じてしまう、という計算になる。なるほど、10倍の差は大きい。

時間の体感スピードは、身体の代謝の状態が大きく影響しているという説もある。代謝の状態が活発であれば時間の進みは遅く、不活発であれば進み方は速くなる。高齢になると一般に代謝は低下していくので、時間の経過を速く感じる可能性があるというのだ。

それよりももっと時間の感じ方に影響するのは、心の持ち方だ。何かをワクワクしながら待ち遠しく思っていると、時間はゆっくりと流れていく。子どもは多くのことを初めて体験するので、時間もゆっくりやって来る。

一方、大人になるとたいていのことは慣れっこになって、あまり刺激を感じなくなる。平常心というと響きはいいが、わくわくもドキドキもない。「時間が経つのが速い」と感じたら、何か夢中になれること、楽しいと思えることが足りないのかもしれない。

ぼくは、冬になると朝一番でスキー場に向かう。一番早いゴンドラに乗って、ノンストップで駆け下りてくる。3本滑ったらオシマイ。スキー場のすぐ下にある温泉でひと風呂浴びて家に帰る。この楽しい時間から一日をスタートさせると気分がいい。

こんなふうに何でも「遊び」として考えたら、失敗なんて怖くなくなるし、ちょっとおっくうな仕事だって、楽しみになる。

20％に全力投入する

人生を目いっぱい楽しみたいけれど、24時間365日、全力投球なんて不可能だ。老いていく身にそんな体力はない。

「パレートの法則」というのがある。イタリアの経済学者ヴィルフレド・パレートが発見した分布の法則で、「上位のファン20％は、売上の80％を支えている」などが有名。「二八の法則」とも言われ、マーケティングや企業戦略でよく用いられているそうだ。

二八の法則には「世界の富の80％は、たった20％の富裕層が所有している」「働きアリの20％が、80％の食料を集める」などというのもある。

働きアリの話で興味深いのは、よく働くアリと、普通に働くアリ、全然働かないアリの割合は2：6：2だという。働かないアリを排除しても、そのなかからサボるアリが20％出てくる。よく働くアリを増やして5：4：1にしようとしても、なかなかそうはならない。けれど、20％の働きアリが疲れ切ってしまえば、サボっているアリが働きだす。

これは、ある集団のなかの分布割合の法則だが、ぼくという一人の人間にも当てはめられるのではないか、とふと思った。

ぼくのなかに、よく働くアリが20％いる。このアリが機嫌よく元気に働いているうちはあとの80％はのんびりしていてもいいし、どこかで道草を食っていてもいい。

あるいは、ぼくの一日に当てはめて考えることもできる。子どものように夢中になって遊ぶ時間は一日の20％でも、その遊びで貯えた心のエネルギーは、ほかの80％の生活の糧となっている。そう考えると、何となく気持ちが楽になるし、人生にメリハリがついてくるような気がする。

24時間の20％は4・8時間。決して短くはないけれど、夢中になればあっという間。若いころあきらめてしまったことに再挑戦したり、まったく新しい趣味を始めたり。なんだっていいのだ。老いこそ、楽しんだもの勝ちなのだ。

ぼうっとするのも意味がある

老いたら、「キョウヨウとキョウイクが大事」と言われる。「教養」と「教育」ではない。「今日用事」があることと、「今日行く」ところがあることが、体と心の健康を保つうえで大切ということだそうだ。

ぼくは今、週に一度、内科外来で診療を行っているが、そのほかの日は講演や取材、週一回のラジオ出演が2本、本の原稿づくりや新聞、月刊誌の連載などで結構忙しい。けれど、いくら忙しくても、スケジュールは、仕事だけで埋めないようにしている。忙しさを理由にいろんなものをそぎ落としてしまうと、何もできなくなってしまうからだ。

新そばの季節には、たとえ30分でも時間を割《さ》いて、お店の混まない昼前にさっと行って食べてくる。どんなに時間がなくても、縄文公園に行ってウォーキングやスクワットをする時間も確保する。こうした時間をあえて持つことで、いい息抜きになり、仕事の能率も上がる。

一方で、何もしない時間も大切にしている。何も考えず、ひたすらコーヒーを楽しむ時間。時にはコーヒーすら飲まず、音楽も聞かず、風の音や虫の音に耳をそばだてるだけの時間を過ごす。「がんばらない」なんて言ってはいるが、貧乏のなかで生き抜いてきたぼくは、働きアリの習慣が身についてしまっている。自分の中の働かないアリを意識しないと、ついつい働き出してしまう。

何もしない時間というのは、心の中のもやもやを「寝かしておく時間」になる。すぐに答えを出せなくても、何もしない時間を過ごすうちに、自然に問題が整理され、突然、ひらめきのように答えが下りてくることがある。

これは脳のデフォルト・モード・ネットワークの働きと考えられている。人がぼうっとしているとき、脳は休んでいるわけではない。車のアイドリング状態のように、いつでも動き出せるように、脳の比較的広い部分がスタンバイしているのである。家事の単純作業をするときや、ウォーキング、水泳などをしているときなどに、デフォルト・モード・ネットワークがオンになっていることも多いという。ぼうっとしていたらボケるなんて、怖がることはない。肝心なのは、何もしない時間と何かをする時間の緩急なのだ。

忘却力は老いの特権

人間は忘れるようにできている

「君の名は」は、1952年からNHKラジオで放送されたドラマである。その後、岸惠子と佐田啓二で映画化されたり、何度もテレビドラマになっている。ぼくは子どもだったので、よく覚えていない。でも、ラジオドラマの冒頭のナレーションは、気が利いている。

「忘却とは忘れ去ることなり。忘れ得ずして忘却を誓う心の悲しさよ」

そう、人は、記憶と忘却をコントロールすることができない。忘れてしまいたいことはいつまでも覚えているし、覚えておかなければならない記憶はいつしか薄れていく。

ぼくは、忘却力には自信がある。本屋で立ち読みして、なかなかおもしろい本だなと思って買い求めたら、自宅の本棚に同じ本があったなんてことがある。本棚の前で、一瞬がっかりするが、それもすぐに忘れてしまう。同じ本を、何度も新鮮な気持ちで読めるのだから、まあいいか、とも思っている。田村隆一の詩集なんか、何度、感動したことか。映画俳優の名前がのど元まで出かかって、なかなか出てこないことがある。でも、そんなことをイチイチ気にしていたら、老いなんて楽しめない。

連載原稿の締め切りを忘れてしまうこともある。しまった！　明日が締め切りの日だと思って、大慌てで原稿を書いてメールで送る。間に合ったとほっとしたのも束の間、担当者からこんな返事が返ってきた。

「今月の原稿はすでにいただいていますよ」

ええ？　原稿の締め切り日を忘れたというならまだしも、原稿を書いたことすら忘れていたとは！　こんな大ボケはあるが、大慌てで原稿が書ける瞬発力はまだまだ捨てたものじゃない。

この記憶力の悪さは、今に始まったことではない。学生時代の試験では、暗記もので苦労した。その点、数学は公式さえわかっていればいいから、わりと得意だった。医師になってからも、新しい薬の名前を覚えるのにとても苦労した。メモ帳を持ち歩き、一日に何度も見直して覚えるように努力していた。1時間後、2時間後に見直し、寝る前にも見直した。それを数日繰り返すと、ようやく記憶が定着した。

そもそも人間は忘れるようにできている。心理学者のヘルマン・エビングハウスが忘却曲線というのを発表している。無意味な音節を記憶し、時間の経過によってどれだけの内容を忘れるかを示したものだ。それによると、20分後には42%忘れる。1時間後には56%忘れ、1日経つと74%忘れるという。こんなに忘れるなら、ぼくの忘却力なんて大したことはない。

忘却は知識の新陳代謝

人間は、忘れるようにできている。だとしたら、記憶力の悪さは「欠点」なのだろうか。自己弁護するつもりはないが、「忘却力」というのも生きるうえでプラスに働くこともあるのではないか。

まず、忘れることで心を穏やかに保つことができる。ぼくは、つらいこともたいてい忘れてしまう。悲しみも、時が経てば薄れていくように、忘却力が心の「日にち薬」になっていく。

腹が立つことがあったとしても、アンガーマネジメントで、怒らない生き方を心がけている。悪口を言われても、根に持たない。憎しみを持ち続けるなんてことはこれまで一度もなかった。でも、人間ができていないので一年に数回ほど怒ってしまうことがある。怒ったぼくは翌日にはけろっと忘れているのだが、怒られた側は難しい。関係がぎくしゃくする。場合によってはその緊張感が功を奏し、仕事でいい結果につながることもあるが、多くの場合は、緊張したまま疎遠になっていく。なかなか関係を修復できないときは、ぼくも忸怩たる思いになり、人間的に成長しないといけないと思うのだが、これもついつい忘れてしまう。困ったものだ。

忘却は、思考の整理になるというのは、ベストセラー『思考の整理学』（ちくま文庫）で知られる外山滋比古氏である。忘却と記憶は、吸って吐く呼吸のように一対で、忘れるからこそ、新たな記憶ができると外山氏は考えている。

この考え方はとても納得できる。中高年になると、若いころに得た知識をずっと覚えていて、それが古くなっていることに気が付かないこともある。昔の常識は今の非常識になっていることもあるから、変に記憶力がいいと、かえって恥をかくこともある。忘れることができるからこそ、新しいことを記憶することができる。知識だって新陳代謝が必要なのである。

外山氏は『忘却の整理学』（筑摩書房）のなかで、こんなことも書いている。

「コンピューターは記憶の巨人である。（中略）完全に大量の情報を記憶し、それを操作、処理する能力をもっている。完全記憶を実現しているが、個性がない。忘却ということを知らないからである。記憶だけなら人間はコンピューターにかなわないが、忘却と記憶のセットで考えれば、人間はコンピューターのできないことをなしとげる」

なるほど。忘却という情報の選択は、その人らしさ、個性につながるということなのだ。

記憶を可視化して生かす

忘れてしまっても、困ることはあまりない。記録しておけばいいだけの話だ。むしろ目に見えるように記録しておけば、いつでも見直して活用することができる。

ぼくは、毎日の出来事を10年日記に書いたり、ブログ「八ヶ岳山麓日記」に綴ったりしている。本の感想を書き込む読書日記もつけている。ある時、10年日記に書き込んでいたら、ちょうど1年前のこの日、Aさんが亡くなったことに気が付いた。すぐに、Aさんのご家族に電話をかけた。

ぼくがもし記憶力がよかったら、頭の中で「ああ、Aさんの命日だな」と思って、その後は何も行動しないかもしれない。でも、記憶が紙の上で可視化されると、その記憶がもつ意味をはっきりと確認することができるから、ご家族に電話をするという行動にもつながりやすい。記憶が可視化されれば、より生かしやすくなるということだ。

ぼくの電話に、Aさんのご家族は、とても喜んでくれた。すっかり忘れていたことは、もちろん内緒にしておいた。

年を取って忘れっぽくなっても、メモを活用すればいい。その日にすることを箇条書きにしておいて、実行したら消していく。これなら大切な用事をし忘れることはなくなる。そのうえ、実行したという小さな達成感も得られる。スクワット10回、ウォーキング5000歩などカレンダーに書いて、達成したら花丸を記入するとやる気もわいてくる。

それでも忘れて困ったら、身近な人に頼ればいい。「あれは、どうなった？」と尋ねれば、たいていの人はぼくより記憶力がよいので「今こういう状況です」と喜んで教えてくれる。交流も深まる。

意図的忘却で新しい自分に

「日曜はがんばらない」（文化放送、日曜朝6時20分〜）のゲストに、音声ＳＮＳ「クラブハウス」で人気のジョン・キムさんを迎えた。韓国で生まれ、早くに両親を亡くした。日本に国費留学し、その後、アメリカ、ヨーロッパで学んだという。その経験を書いた『媚びない人生』（ダイヤモンド社）は数年前に話題になった。

彼は、日本に来る時、飛行機の中で、要らないものをすべてリストアップし、それらを意識的に忘れ去る決意をしたという。意図的忘却である。

ぼくはこの話にとても共感した。コロナ自粛で、内省の時間がたっぷりある今だからこそ、自分の生き方を振り返って、要らないものは意図的に忘れてしまってもいいのではないか。忘却は、新しい記憶、新しい人生のための第一歩になりうる。だとしたら、忘れることを怖がる必要なんてないのだ。自分の得意技と胸を張ればいい。

毎日の生活で忘れてはいけないことなんて、あまりない。「水道の栓をひねったら、忘れずに元に戻す」くらいのものである。

3つの足かせから自由になる

その1　職業や肩書の世界から、自由になる

『ぼく　モグラ　キツネ　馬』（チャーリー・マッケジー著、飛鳥新社）にはこんな一節がある。

〝おおきくなったら、なにになりたい？〟
モグラにきかれたので、ぼくはこたえた。
〝やさしくなりたい〟

何になりたいかという質問は、たいていどんな職業の人になりたいかという質問とイコールである。でも、この絵本の一節を読んで、ハッとした。何になりたいかと聞かれて、人間としての在り方を答えているのである。ぼくも、こんなふうに答えられる子どもだったらよかったのにと思った。

ぼくの子ども時代は、「巨人、大鵬、卵焼き」の時代。野球選手になりたいという友だちは多かった。ぼくは中学校では野球部キャプテンで、3番でショート。大学時代は2番でキャッチャー。野球は大好きだったけれど、子ども心にも一度もプロの野球選手になりたいとは思わなかった。相撲取りなんて絶対に無理！

高校生のときに北杜夫の『どくとるマンボウ航海記』（新潮社）を読んで、笑って、笑って、笑い転げた。世界はこんなにくだらなくて、おもしろいのかと思ったらわくわくした。そうだ、世界を見てまわるには、船医になればいい。

単純なぼくは、それで医学部を目指すのだが、医師になりたいという思いの根底には、「おもしろく生きたい」という願いがあったように思う。それは70代になった今でも続いている。

多くの人は定年退職すると、それまでの肩書を失う。寂しい思いになる必要はない。これまでの肩書から自由になって、「どんな人間になりたかったのか」「どんなふうに生きたいのか」自分の中にいる〝子ども〟に質問してみよう。

「やさしい人になりたい」「人の夢を応援したい」「自由な生き方をしたい」いろいろ出てくるはずだ。ぼくは「これまで以上に、もっともっとおもしろく生きてやれ」と思っている。

その2 過去の自分と比べない

老いを身軽に生きていくには、「過去の栄光」への執着がじゃまになることがある。けれど、これがなかなか忘れられない。社会的地位が高い人ほど、その地位にしがみつこうとするように思う。自分という人間に自信があるから、間違うこともないと思い込み、どんどん世間とずれていく。

特に、時代遅れの価値観を引きずっている場合は、周囲を困惑させる。自分がもっている常識がとうに古びているのに、なかなか気が付かない。いまだに女性や高齢者を揶揄する冗談を言って、周囲の笑いをとろうとする政治家がいるが、まったくもって笑えない。

内科医が目の前の患者さんを治療するとき、いちばん大切なのは、「今」である。病気を特定するために「過去」の話も聞くことがあるが、それよりも重要なのは、今、どんな病気を抱え、これからどのように生きていきたいか、である。

しかし、患者さんのなかには、昔の自分と今の自分を比べ、「情けない」と落胆する人がいる。麻痺などの障害が残ると、特にその気持ちが強くなり、「生きていてもしかたない」と落ち込む。そんなときは、過去の栄光から、今できることへと視点を向けてもらうように心がけている。麻痺があっても、できることはたくさんあると気づいたところから、新しい人生がスタートする。

自分への戒めでもあるが、年を取るとどうしても過去の話が多くなる。そんなつもりはなくても、自慢話と受け取られてしまうことも時々ある。「オレの若いときはこうだった」などと話をして煙たがられるよりも、新しい挑戦をして、楽しんでいる姿勢を見せたいと強く思っている。

その3 不安を手放す

老い方は個人差が大きい。どんなに健康に気を付けていても、病気になったり、障害を負うこともある。食事に気を付け、運動習慣をつけるなど病気や障害のリスクを下げることはとても大切だが、必要以上に不安になるのは心の健康にとってマイナスになってしまう。

どうしたら不安を手放せるか。不安は漠然としているから大きくなる。だから、自分が何を不安と感じているのか紙に書き出してみてほしい。

「認知症になるのが怖い」という不安をもっているとしたら、不安を抱くような出来事があったのかどうか。具体的に心当たりがあるのなら、かかりつけ医や物忘れ外来を受診してみよう。認知症の予備軍である「軽度認知障害」の状態ならば、運動療法や作業療法などで認知機能を正常に戻すこともできる。認知症を発症していても、軽度のうちに対処すれば進行を遅らすことができるだろう。不安は、心の弱さなどではない。不安があったらきちんと向き合って、適切に対処できればそれがいちばんいい。

そうやってすべきことをしたら、あとは不安を手放すだけ。今を機嫌よく、明るく過ごせるようになれるといい。明るく前向きな心は、いい未来を引き寄せてくれるはずである。

第4章

生涯ピンピンを目指す しなやか老活術

心構えはしなやかなレジリエンス

目指すは、パンツのような伸び縮み

フジテレビ系で全国放送されている「テレビ寺子屋」という番組に何年も出演している。2021年は、東日本大震災から10年ということで、宮城県丸森町で収録することになった。丸森町に行くことが決まったときから、ぼくは丸森物産いちば八雄館に行こうと決めていた。赤いパンツを買うためだ。

さっそく、テレビの収録前に買いに行った。パンツはフリーサイズの1サイズのみ。包帯パンツでよく伸びる。男性も女性もはけるユニセックス仕様だ。

パンツを広げて中を覗くと、股間のところに黒いデザイン文字がプリントされていた。不思議なところに不思議な文字。「メメントーモリー」と読むようだ。ラテン語で「死を想《おも》え」という意味である。この文字は、180度反転させると「メメントーウィーウェ

レ」（生を想え）という文字になる。前後がないパンツなので、はき方によってメッセージが異なる。なかなかひねりのあるデザイン。パンツを脱ぎはきするたびに、死を想い、生を想うなんてカッコいい。ぼくはこのパンツを、ここぞという仕事のときの〝勝負パンツ〟にした。

このパンツは、ザミラというベンチャー企業が作っている。扱っている商品は、このパンツのみ。地域おこし協力隊の男性が、丸森町に新しい風を起こそうと始めた。口コミで人気が広まった。最近は、赤という昔からお守りに使われていた色で、脱ぎはきがしやすいことから、入院中の患者さんにプレゼントするという例もあるようだ。

一時期、販売を中止していたことがあった。２０１９年台風19号による豪雨災害で、丸森町は大きな被害を受けた。断水し、多くの人が「下着を替えられない状態」で困っていることを知り、赤パンツの在庫のほぼすべてを避難所に寄付した。１０５０枚以上のパンツは、定価換算で４００万円近くになる。

被災直後、町の銭湯は赤パンツの人であふれた。お互いの赤パンツを見ては、大笑いになったとか。そんなふうに笑い合えることも、復興の第一歩になったと思う。

あたたかなエピソードに、「レジリエンス」という言葉を思い出した。もともとは物理学の用語で、「回復力」「復元力」「反発力」などの意味がある。心理学でも、ストレスや困難に対する「折れない心」という意味で使われている。

ザミラの赤パンツも、よく伸びて、元にもどる。これも、レジリエンスだ。というのは半分冗談だが、東日本大震災、原発事故、台風による豪雨災害……いくつもの苦難が襲うなかで、あきらめずに地域を支えていくという姿勢は、まさにレジリエンスというべきものだろう。

そして、老いを生きていくうえでも、体や心の衰えにもへこたれないことが大切だ。目指すのはどんな体型にもフィットするパンツのようなしなやかさである。

「老い」を治す時代がいつか来る？

2021年は、老いについての大きな話題があった。老いを治療できるかもしれないという研究が発表されたのだ。

その一つが、東京大学医科学研究所などの研究チームによるもので、老化細胞を除去する「GLS－1阻害薬」を作成した。その薬を老いたマウスに投与した結果、糖尿病や動脈硬化、脂肪肝などが改善した、と米国科学誌「サイエンス」に発表している。

また、順天堂大学の研究グループでは、老化細胞を体内から取り除くワクチンを開発した。マウスに投与したところ動脈硬化などが改善し、フレイル（虚弱）の進行が抑えられたという。

どちらの研究もキーワードは、「老化細胞」。細胞は日々分裂を繰り返し、新しく置き換わっているが、何度も分裂を繰り返しているともうこれ以上分裂できないという状態になる。それを老化細胞という。老化細胞がたまると慢性炎症が起こり、さまざまな病気を起こす。加齢や肥満が原因で起こる病気のほとんどは、老化細胞が関係している。

そんな老化細胞を除去する薬やワクチンが開発されれば、難病の早老病の治療や、動脈硬化、糖尿病、アルツハイマー病などの治療が大きく飛躍する可能性が出てくる。健康寿命も飛躍的に伸びるだろう。

しかし、これらの研究はマウスの実験段階。人に対して実用化されるまでにはいくつものハードルをクリアしなければならない。やはり、老いに負けないレジリエンスを心にもちながら、老いを進ませないように生活習慣を改善することが今の段階では最善なのである。

いつからでも、続けた分だけこたえてくれる

「年だから手遅れ」なんてことはない

健康づくりには、生活習慣の改善が大事なポイントになる。けれど、長年の習慣というのはなかなか変えられない。

「もう年だから、今さら生活習慣を変えたって手遅れじゃないの？」

「残りの人生は、好きなように生きたい」

そんなふうに話す患者さんも少なくない。

けれど、いくつになっても、そして、病気を発症していても、「手遅れ」なんてことは

ない。若いうちから気を付けるに越したことはないが、年を取ってからでもやはり、気を付けた分だけ効果は期待できる。

諏訪中央病院には心不全外来がある。循環器内科医だけでなく、看護師、栄養士、理学療法士といった多職種がかかわり、心不全の患者さんに運動や食事などの生活指導を行っている。

心不全は、おもに心臓の血管が詰まってしまう心筋梗塞や狭心症、動脈硬化などをきっかけに心臓の機能が低下することで起こる。症状が進むと、息切れやむくみ、ぜんそくなどの症状が現れてくる。治療は薬が中心になるが、どの程度なら心臓に負担にならないかを見極めて運動療法も行っていく。安静にしすぎると、心不全はますます悪化してしまう。

今、心不全外来で患者さんたちに人気なのが、けん玉だ。ふくらはぎは第二の心臓といわれ、血液を上半身に戻す役割をしているが、けん玉をするときの、膝と足首を曲げてばねをつくる動きは、ちょうどふくらはぎを刺激する。ただふくらはぎの筋肉を動かす体操を黙々とするよりも、けん玉のほうが楽しんでできる、と理学療法士が治療に取り入れた。

けん玉のカチ、カチ、カーンというはじける音と、患者さんたちの笑い声。ちょっと変わっているが、こんな外来があってもいいよなあ。

「手抜き」や「ズボラ」も大切な手法

最近、心不全という病気の解釈が変わってきた。息切れやむくみなどの症状がなくても、高血圧や糖尿病がある時点で、心不全の初期段階として治療を開始するという。つまり、典型的な心不全の症状が現れてから治療するのではなく、先手を打っていこうという考え方だ。

治療は生活習慣の改善が重要になる。先手を打てば高血圧や糖尿病も改善しやすくなり、心不全も予防できる。たとえば、食事では、高血圧を改善するために塩分の摂り過ぎに注意し、野菜をたくさん食べるように心がける、などの指導をしている。だが、多くは高齢の患者さんで、料理を作るのが苦手な男性も少なくない。こういう食事をしてくださいといっても、本人はどうしていいかわからない。

東日本大震災後、福島県南相馬市の仮設住宅で、一人暮らしの男性の食事に愕然《がくぜん》としたことがある。机の上に食べかけのサバの缶詰があった。これをごはんのおかずにして、おそらく冷たいまま食べているのだろう。寒々しい食事だなと思った。

冷蔵庫の中を見せてもらうと、キャベツがあった。「包丁はありますか？」と聞くと、ないという。でも、フライパンはあった。

同行した管理栄養士が男性に許可を得て、一品作ってみることにした。フライパンにキャベツを手でちぎって入れ、その上にサバ缶をどさっと汁ごとあけて蓋をした。数分間でキャベツに火が通り、サバの脂と旨みがしみこんだ。とても簡単だが、野菜もとれて、体もあたたまる。男性に食べてもらうと、「うまい！　これならオレでもできる」と満足げだった。

この経験から、だれでも簡単に作れて健康にいい料理の本をつくることになった。『鎌田式健康手抜きごはん』（集英社）である。ついでに言うと、この後『60代からの鎌田式ズボラ筋トレ』（エクスナレッジ）という本も出した。『がんばらない』（集英社）からスタートして、ついに「手抜き」や「ズボラ」になってしまったか、と自分でも笑ってしまった。

でも、「手抜き」も「ズボラ」も、継続するためには大切な手法だ。後ろめたく思う必要なんてない。むしろ積極的に、手抜きやズボラをして、その分、人生を楽しむことに力を注いでもらいたい。

一つの成功が、健康の呼び水になる

このごろ調子がいいので忘れてしまったが、ぼくは55歳ごろから腰痛症に悩まされていた。MRIの検査で軽い脊柱管狭窄《せきちゅうかんきょうさく》が見つかった。

腰痛症は2年に一回くらいひどくなり、諏訪中央病院の東洋医学センターで鍼灸治療を受けていた。腰痛の約8割は脳の錯覚という専門家もいて、痛みが慢性化すると、さらに痛みに対して敏感になってしまう。軽いストレッチと軽い筋活を続けていくことで、敏感モードを解除してくれるという。ぼくも、スクワットやかかと落とし、ズボラ筋トレを始めるようになってから症状が軽くなった。気が付けばもう、8年腰痛は起きていない。

運動習慣で、腰痛症がよくなったというのは、ぼくにとって大きな成果だった。一つの成果を実感できると、自信になる。これが大事だと思う。

自信がつけば、ますます運動習慣を続けていこうというモチベーションにつながる。それは、腰痛症の改善だけにとどまらず、血圧のコントロールにも役立った。65歳ごろ、140／90と高血圧ぎみだったが、今は120／70と完全な正常域に落ち着いているのも、運動習慣のおかげだ。そして、心房細動の治療においてもきっと役立つと思う。

ちなみに、夫婦は同じ病気になりやすいという研究がある。筑波大学の研究グループが、40歳以上の約8万7000世帯を対象に、夫妻の病気の「一致率」を調査した。すると、高血圧では73・2％、糖尿病と脂質異常症はともに86・5％と高い割合で一致していた。

夫婦は、生活習慣が似やすいため、こういう結果になるのもうなずける。パートナーが高血圧になったら、自分も将来なるかもしれないと考えて、一緒にウォーキングをするのもいい。お互いに健康を高め合いながら、年を取っていけたら最高である。

老いは波のように繰り返しやってくる。大波をかぶってしまうこともあれば、すっと波が引いていくこともある。何度も経験しているうちに、かわし方が上達してくる。

勝とうとしなくてもいい。負けない程度にひらり、ひらりと跳び越えていこう。

タチの悪い脂肪は、糖質のとり方で減らす

リンゴ型肥満の人は注意

ぼくは以前から高齢者は「ちょい太」がいいと言ってきた。粗食は健康にいい、痩せこそ健康にいいという間違ったイメージが広がってしまっていたことに警鐘を鳴らしたかったのだ。高齢になって粗食を続けていたら、サルコペニア（加齢性筋肉減少症）やフレイル（虚弱）になり、要介護状態になってしまう。実際、サルコペニアやフレイルになるよりも、ちょっとくらい太っているほうがずっと健康的で長生きができることがデータでも示されている。

そうはいっても、過度な肥満はやっぱりよくない。肥満は、老化細胞の蓄積が進み、慢性炎症を起こし、さまざまな病気の原因をつくってしまう。

特に質《たち》が悪い脂肪は、内臓脂肪である。お腹がぽっこり出っ張ったリンゴ型肥満は、内

臓脂肪がたくさんついている可能性が高い。ちなみに、皮下脂肪が多い肥満は洋ナシ型肥満といわれる。

そういうぼくも、一時期80キロあった。自分では「ちょい太」程度と思っていたが、当時の写真を見返すとゾッとする。リンゴ型のおなかがはちきれそうなのだ。

内臓脂肪が増えると、血液がドロドロになって血圧が上がり、脳梗塞や心筋梗塞などが起きやすくなる。内臓脂肪は、満腹感をもたらしてくれるレプチンというホルモンが分泌されにくくなるために、ついつい食べ過ぎになり、肥満を悪化させていく。

さらに、内臓脂肪があると血糖値が上がりやすい。内臓脂肪がインスリンの働きを阻害すると同時に、長寿ホルモンといわれているアディポネクチンの分泌量を減らすので、血糖値が上がりやすくなり、糖尿病になりやすい。サイトカインという炎症物質が分泌されるために、血管炎を起こし、動脈硬化を起こしやすくする。悪玉コレステロールが作られ、さらに動脈硬化を進行させる超悪玉コレステロールも作られる。このように内臓脂肪があることによってさまざまな悪循環が起きて、脳梗塞や心臓病、大動脈瘤、腎機能の低下などが起きてくる。タチが悪い脂肪である。

脂肪が原因でがんになる

もう一つ厄介な脂肪がある。異所性脂肪だ。これは、内臓脂肪がたまっていくのと同時に、本来はないはずのところに脂肪がついてしまうもの。代表的なのが脂肪肝。中高年の男性に多く、推定1000万〜2000万人いるといわれている。

脂肪肝を20年放置すると、1〜2割の人が肝硬変に移行し、肝硬変になった人の5%が肝臓がんを発症するといわれている。

以前は、肝臓がんというとウイルス肝炎が主な原因だったが、抗ウイルス薬が作られたために、だいぶ減らすことができた。それに対し、今、肝臓がんの半分近くが脂肪肝から発生していることがわかってきた。脂肪肝にならないためにも、内臓脂肪を減らすことが重要になる。

中性脂肪を下げるには

内臓脂肪も異所性脂肪も中性脂肪である。中性脂肪は、糖質が原料になって、肝臓で合成される。だからこそ、糖質の摂りすぎには注意しなければならない。もともとぼくは丼物やラーメン大好き。そんなぼくが実際にやっていることを紹介しよう。

・ごはんは最後に少しだけ

食べる順番は、野菜から先に食べる「ベジファースト」が基本。野菜を食べたら、タンパク質や脂質、食物繊維、糖質という順番で食べている。

ただし、野菜は野菜でも、ポテトサラダやきんぴらごぼうなどの糖質の多い根菜は後回し。ごはんは少しだけならOKとする。お酒を飲んだ後の〆のラーメンや焼きおにぎり、茶漬けはぐっと我慢。うまいのはわかっているんだけど、飲んでいるときはたいてい食べすぎているからやめておいたほうがいい。

・主食は玄米か、5分づき米で

血糖値が急激に上昇しにくい玄米や雑穀米入りのごはんを食べている。患者さんにもすすめているが、玄米が苦手という人には、5分づきくらいがおすすめ。新米の5分づき米はとてもおいしい。めん類を食べたいときは、ラーメンやうどんよりも、血糖値が上がりにくいそばを。

・小麦粉の代わりに粉豆腐を

糖質過多になりやすいお好み焼きでも、工夫次第で糖質を抑えられる。ぼくの家では小麦粉をいっさい使わず、粉豆腐でつくる。粉豆腐とは、高野豆腐を粉にしたもの。すりおろした長芋を混ぜれば、さらにふっくら仕上がる。キャベツをたっぷり入れ、豚肉やイカなどを入れるのもいい。わが家では冷凍のカキをよく使う。実にウマイ。

高野豆腐や粉豆腐には、レジスタントプロテインが含まれていて、悪玉といわれるLDLコレステロールや血糖値を下げてくれる。内臓脂肪が気になる人はぜひ活用してみてほしい。

そのほか、早食いをやめることも大事だ。食べるスピードが速いと、食べる量も多くなる。脳が満腹を感じる前にたくさん食べてしまうからだ。よく噛《か》んでゆっくり食べることによって、満腹感が得られるし、消化もよくなる。

さらに、食事と食事の間はできるだけ開けるようにしたい。お休みの日などは、夕食を早めにとって、夜間は食べない時間をしっかりとる。できれば12時間は空腹状態にしたい。そうすると、内臓脂肪や異所性脂肪をかなり減らすことができる。

食べないダイエットは老化を進める

骨や筋肉が痩せてしまう

肥満を解消しようとダイエットをするのはいいが、手っ取り早く食べる量を減らして痩せようとするのはよくない。特に、高齢者では、老化を進めてしまうので要注意だ。

食べないダイエットをしようとすると、すぐに体重は減るが、これはぬか喜びに終わる。せっかくの筋肉が痩せてしまい、基礎代謝が小さくなってしまう。すると、ますます脂肪を燃やしにくい体になり、かえって肥満が進んでしまうことになる。

そればかりではない。高齢者が食べないダイエットをすると、老化を加速させる危険があることが、アメリカのベイラー医科大学の研究でわかった。食事の量を減らすことで筋肉量や骨量の低下が加速し、サルコペニア（加齢性筋肉減少症）や、オステオペニア（骨粗しょう症）のリスクを高めてしまうのだ。

サルコペニアになると、活動量が減り行動範囲も狭くなってしまう。すると、筋肉はますます痩せ、フレイル（虚弱）という状態になる。心肺機能も低下し、認知症のリスクも高まる。また、オステオペニアになると、ちょっとしたことで転倒して骨折。それがひき金になって寝たきりになる恐れもある。

当初は、肥満を解消して健康になりたいと思って始めたダイエット。なのに、そのシナリオからどんどん離れてしまう。だから、食べないダイエットは絶対にやってはいけないのだ。

タンパク質を摂るにはコツがいる

では、肥満を解消するにはどうしたらいいのか。やはり、タンパク質をしっかり摂りながら、運動をすることが鉄則になる。

一日に摂りたいタンパク質の量は、体重に1〜1・2を掛けたグラム数が目安になる。サルコペニアを防ぎたいと思っている人、年を取っても元気に歩き回りたいという人は、体重に1を掛けたグラム数を摂りたい。体重70キロの人ならば、70グラムのタンパク質ということになる。いや、もっと筋肉を増やしたい、「貯筋」をしたいという人は、体重70キロに1・2を掛けた84グラムになる。ぼくの場合、このくらいのタンパク質を摂るよう心掛けている。

しかし、これがなかなか摂れていない。内臓脂肪を減らすのに肉や卵はいけないと思っていたり、糖質が多いインスタント食品などを食べる人が多くなり、ほとんどの日本人は、タンパク質が不足している。

タンパク質を摂るには、ちょっとしたコツがいる。まずは、おおまかな量を感覚的に理解することをおすすめしたい。例えば、鶏のささみ100グラム、牛ステーキ100グラム、豚の生姜《しょうが》焼き100グラム、生サケ100グラム、真アジ100グラムには、タンパク質が約20グラム含まれている。これをおおまかな目安にして、毎食、肉か魚を一品ずつ食べるようにすると、60グラムのタンパク質が摂れるという計算になる。

朝から肉や魚は食べられないという人は、朝食は卵や納豆、ヨーグルト、チーズなどを摂り、昼食に肉と魚、2品食べてもいい。

あとの24グラムは、卵や乳製品、豆などをこまめに摂って積み上げる。卵は1個で6グラム。ぼくは、卵は2個食べる。卵は一日1個までと言われた時代があったが、今では完全に否定されている。納豆1パック8グラム、木綿豆腐半丁で10グラム、高野豆腐・粉豆腐20グラムで10グラム、牛乳200ミリリットルで6グラム。自分がよく食べるもののタンパク質の量を調べておくのも方法だ。

今、二酸化炭素の排出量を減らすために、世界中で人工肉の研究がされているが、既にもう数百年前から、日本では高野豆腐という優れたタンパク源が食されてきた。そういう意味では、〝代替肉〟と言ってもいいかもしれない。この食文化を大切に続けていく必要があるように思う。

もう一つのコツは、3食に分けて摂ること。タンパク質は一度にたくさん摂っても吸収されないためだ。肉や魚を基本にしながら、さまざまな食品からこまめに摂ることもポイントだ。

野菜もたっぷり食べてほしい。抗酸化力のある色素や各種ビタミン、食物繊維などは、体の調子を整えてくれる。

15分歩いて認知症リスクが低下

肥満を解消するためのもう一つの柱は、運動。高齢者が食べないダイエットは言語道断というベイラー医科大学は、ウォーキングのような有酸素運動と筋トレを併用するのがポイントだとすすめている。ウォーキングをする前に、スクワットやワイドスクワット、ランジといった筋トレをしてみよう。

ウォーキングの最中に、筋トレ要素をプラスする「ドローイン歩行」というのもある。ドローインとは、引き込むという意味。お腹をひっこませて、体幹の筋肉を刺激しながら呼吸を止めないで歩く。

このとき、両手を上げて、腹筋や側腹筋を引っ張り上げるようにしてお腹をへこませながら歩行すると、さらに効果的。モンローウォークのようにお尻を振ると、腹筋だけではなく大腿《だいたい》筋や大臀筋などを強化できる。

できるだけ短時間で済ませたいという人は、鎌田式速遅《はやおそ》歩きもいい。これは、速歩きと、ゆっくり歩きを3分間ずつ交互に繰り返すというもの。一日のうちトータルで15分速遅歩きをすると、生活習慣病や認知症のリスクが低下するといわれている。また、歩きながら100から7を引き算するなど、体と頭を同時に使うコグニサイズという運動をすると、認知症予防にもなる。「徹子の部屋」（テレビ朝日）に出演したときは、歩きながらの一人じゃんけんなど、2種類のコグニサイズを黒柳徹子さんに教えた。

やみくもにがんばりすぎると膝や足首を痛める人も少なくない。歩きながら季節を感じ、風を感じること。心に余裕をもちながら、できる範囲で続けることが何よりも大切だ。

90歳まで元気に動けますか？

貯金より貯筋

年を取ると体力が衰えると同時に、心のボルテージが下がってしまったり、生き方がネガティブになったりする傾向がある。それに対処するには、とにかく筋肉を動かすこと。

ぼくは「貯金より貯筋」と言い続けてきた。90歳になっても自分の足で行きたいところへ行き、人生を楽しむためには、お金よりも筋肉を貯えておくことが重要なのだ。

筋肉はそれ以外にもすごい機能を持っている。マイオカインというさまざまなホルモンを出し、生き方に弾みをつけポジティブにしてくれたり、チャレンジングにしてくれたりする。もちろん、老化に関係する慢性炎症を防ぐ作用もある。高齢者がかかりやすい、うつ病らしくない「仮面うつ」と呼ばれるうつ病も、筋肉を刺激することで防いでくれたりする。

そんな大事な役割を負っている筋肉だが、意識的に動かさないとどんどん衰える。特に年を取ると筋肉の減少は著しい。

ぼくは佐賀で「がんばらない健康長寿実践塾」の塾生約1000人に、健康指導をしている。西九州大学リハビリテーション学科の大田尾浩教授が半年に一度、塾生たちの下半身の筋力、腹筋、片足立ち、握力、認知機能などを検査している。その検査結果の推移をみると、コロナの影響を受けていないころは、筋力も運動機能も向上している。筋トレを続ければ体が変わっていくということだ。1回目の測定ではフレイルぎみの人が何人かいたが、5回目の検査のときにはまったくいなくなったというのも大きな成果だ。コロナの自粛生活が始まって一年半で握力が低下したものの、全身の筋力や運動機能は横ばい。塾生たちは土俵際でこらえているが、日本全体で考えると、コロナ自粛で筋力や認知機能が低下している中高年が増えたのではないかと心配している。

筋力の状態を知る5つのポイント

筋力や運動能力は、専門家が測定することが多いが、自分でもある程度チェックできる。毎日の生活のなかで、次の5つに注意してみよう。

①歩く速さがゆっくりになった

歩行のスピードと健康寿命は関係している。筋力やバランスが低下すると、歩くスピードが遅くなる。最近、歩いていて人に追い抜かれることが多くなったという人は、スピードが落ちているかもしれない。横断歩道で青信号のうちに渡り切れないという人は、かなりスピードが落ちている。できる範囲で、まずは3分間、速歩きをしてみよう。

②歩幅が小さくなった

歩幅が大きいと、歩行速度も速くなる。歩幅は身長によっても異なるが、年齢とともに小さくなる傾向がある。ウォーキングをするときには、あと10センチ歩幅を大きく踏み出し、背筋を伸ばして歩こう。

③椅子からすんなり立ち上がれない

椅子から立ち上がるときに、手すりにつかまらないと立ち上がれないという人は下半身の筋力が低下している。できれば片足で立ち上がれる筋力とバランス力を維持したい。スクワットなどで太ももの筋肉を鍛えよう。下半身の筋力が低下すると、前述した歩くスピードが遅くなったり、活動量が減ってしまうので注意したい。

④握力が弱くなった

瓶詰やペットボトルの蓋が開けづらいという人は、全身の筋力も低下している可能性がある。握力は、全身の筋力のバロメーターなのだ。それだけではない。福岡県久山町の住民を対象にした大規模疫学調査では、握力と寿命は相関関係があるというデータが出ている。また、カナダのマクマスター大学の14万人を対象にした調査によると、握力が5キロ低下すると死亡リスクが16％上がるといわれている。壁立て伏せをするとき、指を立てるように壁に手をついて、握力を鍛えよう。

⑤滑舌が悪くなった

口腔《こうくう》フレイルになると、舌が回らず、早口言葉が苦手になる。パ・タ・カ・ラ・パ・タ・カ・ラ……と、できるだけ早く、はっきりと発音することで舌と口腔機能を鍛えられる。食事の前に行うと、むせや誤嚥《ごえん》の予防にもなる。むしゃくしゃしたときには、バ・カ・タ・レ・バ・カ・タ・レと声に出してみるのもいいかもしれない。

これら5つのうち一つでも気になるものがあれば、スクワットや、壁に手をついて行う壁立て伏せなどを行おう。1～2か月続けると体が軽くなるのを実感できる。

以前より歩くスピードが速くなった、椅子からの立ち上がりが楽になったという成果が得られれば、もっとやる気が出てくる。

おしっこのトラブルを恥ずかしがらない

だれにもあるが、深刻な問題

尿失禁や夜間頻尿など、おしっこのトラブルも、老いとともに多くなる症状だ。女性で多いのは、くしゃみや重いものを持ち上げた際に、尿もれをしてしまう「腹圧性尿失禁」。出産後にもみられるが、加齢や肥満によっても多くなる。500万人の女性がこの悩みを抱えているといわれる。

男性では、前立腺肥大によって膀胱《ぼうこう》が刺激され、急に排尿したくなったり、我慢できなくなる「切迫性尿失禁」が多くみられる。また、トイレで排尿した後、タラタラっと下着を汚してしまうこともある。いわゆる〝おっかけ漏れ〟である。尿道の構造上、よく起こることである。男女ともに、夜間、何度もトイレに起きる「夜間頻尿」も目立ってくる。

このようなおしっこのトラブルが起こり始めると、気持ちがへこむ。特に、切迫性尿失禁がある人は、いつもトイレのことが気になり、気軽に外出しようという気になれなくなる。

温泉や旅行に行きたいが、トイレが心配だからやめておこうというのはもったいない。活動範囲が狭まり、人との交流も少なくなっていくと、やがて筋力や認知機能の低下につながり、フレイルや認知症などにもつながっていく。

おしっこのトラブルは生活の質にかかわるので、気になる人は泌尿器科を受診しよう。

骨盤底筋を鍛える

膀胱というのは、風船のように膨らんで尿をためる機能と、縮んで尿を排出する機能の二つをもっている。膀胱の出口がキュッと締まれば、膀胱がふくらんで尿をため、膀胱の出口が緩めば、膀胱は収縮して尿を排出する。ぼくたちはほとんど無意識に排尿しているが、けっこう巧みな連携プレーがなされているのだ。

実は、6年ほど前、切迫性尿失禁の一歩手前を経験した。食事をしながら打ち合わせをした後、駅までのタクシーのなかで、尿意を催した。無性にオシッコがしたくてたまらない。冷や汗が出た。運転手さんに急いでもらい、駅のトイレに走り込んだ。失禁はしないで済んだが、この尿意切迫感というのは本当に慌ててしまう。

そんな苦い経験から、ぼくは鎌田式スーパースクワットというのを始めた。スクワットの姿勢で沈み込んだ後、一度に体を上げるのではなく、4段階に分けてゆっくりと上げていくのが特徴だ。一段階ごとに5秒かけて5センチ上げるので、太ももやお腹の筋肉にけっこう負荷がかかる。

このとき、ぼくは肛門を締めたり緩めたりする骨盤底筋も組み合わせて行っている。5秒静止しながら肛門をぎゅっと締め、おなかのほうへ引き上げるような意識を持つ。5秒たったら5センチお尻を上げながら肛門を緩め、また5秒静止して肛門を締める。これを4段階繰り返すのだ。女性の場合は、肛門ではなく膣のあたりを意識して行おう。

ぼくの場合、あれ以来、尿意切迫感は体験していない。

過活動膀胱の治療では、尿がたまる前に排尿したくなってしまうので、泌尿器科では毎回の排尿量を記録し、ある程度、尿をためられるようにおしっこを我慢するトレーニングも行っている。その場合も、骨盤底筋トレーニングを行うことがある。尿意を感じたときに膀胱の出口をしっかり締めることができれば、膀胱は柔らかく膨らんで尿をためることができるのだ。

骨盤底筋は、昔、サルだったころにしっぽを動かす筋肉だったといわれている。しかし、しっぽがなくなってから、この筋肉群をイメージしにくい。お尻の臀筋や腹筋などに力が入って、肝心の骨盤底筋が意識できない人も少なくない。慣れないうちは仰向けになりながらやり、慣れてきたら、鎌田式スーパースクワットをやってみてほしい。上級者になると、いつでも、どこでも、人知れず、骨盤底筋を鍛えられる。

「自由」をはくという発想

失禁に対しては、さまざまなケア用品が開発されている。下着の中に当てて使う尿取りパットや、はくタイプのおむつなどがある。女性は生理用品などで慣れているが、男性は中高年になって初めて使う場合もある。

ぼくも、アテントの開発にかかわらなければ、自分ではく経験はしていなかっただろう。このとき、おむつのなかに排尿する体験をしたことで、おむつに対する抵抗感が薄らいだ。

歩くたびにカサカサいうこともなかったし、ズボンのシルエットに響くこともなかった。思っている以上に優れものだった。

心房細動の術後、おむつをしたときには、大便ができなくて困った。でも、こうした経験を何度か積めば、いざというときに抵抗がなくなるかもしれない。急に必要になったとき慌てないためにも、事前に体験しておくのもいいかもしれない。トイレでの脱ぎ方、処理の仕方も含めて、一度体験しておくと抵抗感が薄れていく。

何のためにおむつをはくか。ぼくは、「自由に生きるため」と思っている。尿漏れがあるから引きこもったり、閉じこもったりしてしまうのではなく、紙パンツをはいて、堂々と旅に出たり、映画を観に行ったりする。そんな社会が来たらいいな。だから、自由をはこう、と呼びかけたい。

おむつメーカーのアテントでは、「かくさないパッケージをつくろう」と、利用者やデザイナーらが何回も議論し、おむつらしくないパッケージデザインを作った。こんなふうにおむつへの抵抗感をなくしながら、尿漏れや介護の問題を抱え込まず、みんなの話題にできるオープンな社会になればいいなと思う。

一日のリズムは、睡眠と活動でメリハリよく

睡眠の質を低下させない

高齢になると、朝早く目覚めるようになり、夜も早い時間に眠くなる人が多くなる。睡眠覚醒リズムが加齢にともなって前倒しになるためだ。子どもと同居している人は、朝早くから起きだすと迷惑をかけるからと、ベッドのなかで時間になるまでじっとしているという人もいるようだ。

けれど、せっかく朝早く起きたなら、一人の時間を楽しんだらいいとぼくは思う。たとえば、近くに早朝からやっている喫茶店があれば、そこで新聞を読みながらモーニングセットを食べるというのもいい。朝、散歩をするのもいいし、家の周りを掃き掃除するのもいい。習いごとをする時間にもなる。老いの生活リズムをプラスに考えて、自由に楽しめばいいのである。

ただし注意が必要なこともある。高齢になると、睡眠の質が変化することだ。睡眠が浅くなり、ちょっとした物音や尿意で何度も目が覚めるようになる。若いときのようにバタンキューで（この言葉も死語になっているのだが）熟睡するなんてことは、なかなか得難いぜいたくになってしまった。そのため慢性的に寝不足になり、昼間に眠気が襲ってくるようになる。つい長い時間、昼寝をしてしまうと今度は夜眠れなくなって、ますます睡眠の質が低下してしまう。

睡眠・覚醒リズムが乱れると、自然免疫力は弱くなり、認知症になるリスクは高くなる。たかが寝不足と思わずに、毎日、リズムを整えるように心がけよう。

一日のリズムは、次のような習慣で整い、メリハリができてくる。

①朝、太陽を浴びる

太陽を浴びると、幸せホルモンのセロトニンが分泌され、それが夕方になると睡眠を促すメラトニンに変化し、自然に睡眠にいざなってくれる。また、セロトニンが分泌されると気持ちが鬱々とならず、ストレスにも強くなる。

②朝食をしっかり摂る

朝、食事をすることで、体がしっかりと目覚め、概日リズムが整って、免疫・代謝系も活性化される。

③軽い運動を継続する

有酸素運動（ウォーキング）や筋トレを組み合わせて、心肺機能や筋力を低下させないようにする。リズミカルな運動は心の安定にもつながる。今、ぼくは朝食前にジャンプをしている。これが、息が切れて大変。

④姿勢を良くする

猫背になったり、腰や膝が曲がっていないか、壁の前や鏡の前に立って姿勢をチェックしよう。正しい姿勢は関節の病気を防ぐとともに、視野を広げ、意欲的にさせる。

⑤よく笑う

イライラすることや落ち込むことがあっても、笑うことで気持ちが和らぎ、安定する。

⑥楽しいことにこだわる

脳は楽しいこと、好きなことをすると活性化するので、何か夢中になってできる趣味を見つけるとよい。

⑦目標を持つ

毎日歩く歩数などでも、目標を立て、達成したら自分をほめよう。

⑧季節の変化を楽しむ

自然の変化に気付き、それを楽しむことは、心の動きを豊かにする。

座りすぎをスマートウォッチが警告

原稿書きや読書に夢中になって、ついつい長時間座りっぱなしになることがある。座りっぱなしの時間が長いと、死亡リスクを高めるので、1時間に2～3分立ち上がって、スクワットなどで軽く体を動かすとよい。

ぼくもそのように心がけているのだが、ときどきうっかり忘れてしまうことがある。そんなときに、助かっているのがアップルウォッチ。健康機能が「スタンドアップ！」と、体を動かすように警告してくれる。

ウォーキングで速遅歩きをするときも、心拍数の上がり方をチェックしている。ジムでバーベルを担いでスクワットをしたり、ベンチプレスをしたりするときにも、心拍数が120以上にならないように気を付けていた。今は135まで追い込んでも正常の脈を維持している。

このアップルウォッチ、医療との連携も進んでいる。

たとえば、心房細動は病院で検査するときに発作が起こるとは限らない。本人もちょっと心臓が変だなと思いながら、そのまま見過ごしてしまうことも多い。けれど、日ごろからアップルウォッチで心電図や心拍数をチェックしていれば、受診につながりやすい。そんな利点を利用して、「アップルウォッチ外来」をしている病院も増えているという。

実は、ぼくがアップルウォッチを使い始めたのも、心房細動の治療でカテーテル・アブレーションを受けた後、心臓の状態をみるためだった。心電計と心拍数をモニターする機能がついており、このデータを主治医に送り、しばらく様子を診てもらっていたのだ。病院での検査は回数が限られるが、自分で毎日、確認できるというのは便利だなと思う。

また、新型コロナで注目されるようになった血中酸素飽和度を調べるパルスオキシメーターのような機能もついている。健康な人の酸素飽和度は97程度だが、94を下回ると肺炎が疑われる。

将来は、こうした機能を活用し、高齢者の在宅ケアや安否確認・見守りなどにも活用できるのではないか。

便利すぎる機能に困惑も

実は、新年早々、アップルウォッチの機能に驚かされる出来事があった。

スキーをしながら心拍数をチェックしていたら、突然、警告音が鳴り出したのだ。うるさいなと思ったが、そのまま2分ほど放っておいた。すると、アップルウォッチが勝手に地元の救急隊に要請をかけた。ぼく自身はけがをしたわけでもないし、体調が急変したわけでもない。なぜだ、と困惑しながら、ただただ救急隊には平謝りをした。

原因は、単純でもあり、複雑でもある。運動時の心拍数を測るときに、設定のメニューには「ダンス」や「サイクリング」「ランニング」などの選択はあるが、「スキー」に気が付かなかった。近いのは「サイクリング」かなと思って、サイクリングを設定し、スキー場で計測開始。ぼくが滑った軌跡が、高低差672メートルを落下するように記録されていた。

その途中、２か所ほど高速ターンで、急ブレーキで止まった。これをＡＩは「大転倒した」と判断したようだ。設定がサイクリングだから、急斜面での急ブレーキは「転倒」と思ったのだろう。しかも、心拍数も１３０に上がっている。スキーも意外に心拍数が上がるのだ。警告音にもぼくが反応しなかったため、危険な状態とみなされ、勝手に救急隊につながってしまったようだ。

警告音の時点で対処していれば、大騒動にはならなかったが、こんな進んだ機能があるなんて思いもしなかった。現実は想像以上に進んでいる。自動通報機能はオフにしてもらったが、新しい時代がやってきた、と痛感した出来事だった。

検査や治療は、必要最小限に

安心を得るための検査

できることなら、検査なんか受けたくない。特に、痛い、つらい、恥ずかしい検査は勘弁してほしいと思ってきた。ぼくはもう70歳を過ぎている。病院の仕事に対する責任もなくなったし、子どもたちも自立している。これまでも十分におもしろく生きてきた。だから、いつ死が来ても受け入れようと思っている。ただし、ひらりと逝くまでは、だれよりもピンピン元気に過ごしたい。そのために必要な検査や治療はしかたないが、ピンピンを損なってまでは受けたくない。そのへんの見極めが難しい。

心房細動の治療で入院したとき、主治医から胃カメラや大腸ファイバーの検査をすすめられた。ぼくにしてはめずらしく「ハイ、受けます」と言ってしまった。カテーテル・アブレーション治療のすぐ後だったので、「この際、何でもやってくれ」という破れかぶれの気分だったのかもしれない。

胃カメラは、鼻や口からカメラを入れて、のど、食道、胃、十二指腸の内壁を調べる。ぼくは嘔吐《おうと》反射が起こりやすく、かなりつらい。点滴に軽い麻酔薬を入れて、眠っているうちに検査をしてもらった。とにかく苦しいのは嫌い。大腸ファイバーは、事前に腸内をきれいにする洗浄液を飲んでから行う。横向きに寝た姿勢で、肛門から大腸内視鏡を入れ、盲腸まで進めていく。

結果、ポリープなどはなく、「異常なし」となった。見つかったのは内痔核だけ。こちらは「病気のうちに入りませんね」と言われた。

なんだ、何もないなら検査をしなくてもよかったなと言う患者さんがいるが、検査したから何もないことを確認できたと言うこともできる。検査で病気が早期発見できればそれもよし、何も見つからなければ安心を得たということで、どちらにせよ検査の意味はある。だから、高齢の患者さんが検査を受けたいと希望した場合は、年齢に関係なく、ぼくは検査をすすめている。

今回、ぼくの検査も安心感を得るという意味では、つらくて、恥ずかしい思いをした甲斐があったと思う。ただし、よほどのことがないかぎり、ぼくはもう当分の間、この手の検査はご免被りたい。

本当に必要な検査・治療か？

高齢者はどの程度の検査を受けるのが妥当か。これがけっこう悩ましい問題である。というのも、高齢者は何らかの持病があることが多く、〝たたけばホコリの出る体〟なのだ。病気が見つかって、薬を服用することで、かえって生活の質が低下してしまう場合もある。

たとえば、ぼくの内科外来では、70歳以上の患者さんのコレステロール値が高くても、基本的に薬を処方しない。高齢者はコレステロール値が低いほうが、死亡率が高いというデータがあるからだ。もちろん異常に高い人の場合は、特例として薬を使うことはある。

実はそう考えるのは、ぼくだけではない。米国では内科専門医認定機構財団が、必要ない検査や治療をなくすために「チュージング・ワイズリー」（賢い選択）というキャンペーンを行っている。そのなかで、「70歳を超えた高齢者のコレステロール値は下げてはいけない」と提言しているのだ。日本でも無駄な検査、無駄な治療はしないという運動が広まっていくといいなと思う。

チュージング・ワイズリーの提言では「症状のない高齢者が健康診断を受けるのはほと

んど無意味」という過激なものもある。これにはちょっと異論がある。健康診断を受けた後、そのままの生活習慣を続けるのだったら、ほとんど無意味だろう。しかし、生活習慣の変容を起こさせることができれば、患者さんが高齢だろうと意味はある。アメリカの医師は、健診のデータを生かす長野県の健康づくり運動なんて知らないのだろうなと思う。

大事なのは、医療のいいなりにならないこと。常に自分の人生のことを自分で最優先に考え、そのために医療を利用するという姿勢が大事なのだ。

がん治療を望まぬエイジシューター

チュージング・ワイズリー・キャンペーンでは「予測される寿命が10年以内の人が、がん検診を受けるのはほとんど無意味」という提言もしている。たいていのがんはゆっくりと大きくなっていくので、残された寿命が10年以内と予測されるなら、がん治療で生活の質を落とすよりも、治療にとらわれず自由に生きたほうがいいという考え方だろう。

ただ、これはその人の人生観だけでなく、がんの状態や体力によっても大きく違ってくると思う。残された10年間を充実したものにするために、がんの治療をしたほうがいいのか、治療するならばどんな治療がいいのか、高齢者は長期入院だけでも認知機能の低下といったリスクがあることも含めて検討したい。

ある男性は70歳のとき、胃がんが見つかり、胃を全部摘出した。手術を受けることに対して、迷いはなかった。術後の経過はよかったが、73歳のとき新たに肺がんが見つかった。このときは、少し迷った。しかし、がんが初期の段階だったため、胸腔鏡での手術で済むとわかり、治療を受けた。その後はがんの再発もなく、ほかの病気もなく、ゴルフを楽しむことができた。18ホールを年齢以下のスコアでまわる「エイジシューター」にもなった。

しかし、88歳になった男性に、また気がかりなことが起こり始めた。血液検査で腫瘍マーカーが上がりだしたのだ。その後、必要になる検査の説明をすると、彼ははっきりと自分の考えを話した。

「血液検査や、エコーとレントゲン、CTくらいの痛くない検査なら受けてもいい。それでがんがはっきりしないなら、痛い検査はしたくない。がんが見つかっても、もう手術を受ける気はないよ」

経済産業研究所の幸福についての研究はとても興味深い。人が幸福かどうかを左右するものの一位は「健康」、二位は「人間関係が良いこと」だった。どちらもよくわかる。けれど、おもしろいのは次から。三位は「自己決定」。四位と五位の「収入」と「学歴」よりも、「自己決定」が大事だと考える人が多いということだ。

この男性もまさに「自己決定」をしている。

「鎌田先生、無理してがん探しをしなくていい。もう十分納得し満足しています」

さいわい、今も元気に過ごしている。毎日のようにゴルフ練習場に通い、週に一回はコースに出ているという。

日本では、80代、90代の患者さんでもがんの検査や治療を普通に受けている。がんが見つかったから、何の迷いもなく治療するというのではなく、一度立ち止まって、どう生きたいかということを考えてから、治療について考えるようになるといいなと思う。

第5章
老いの価値の見つけ方

〝今この一瞬〟という感覚が命綱

日本酒か、油そばか

どういう経緯だったか、おいしいものの話になった。

酒好きの編集者Oさんは、日本酒が飲みたいという。ぼくはあまり酒を飲まないので、うんうんと話を聞くふりをして、半分受け流していた。けれど、Oさんが挙げた日本酒の銘柄がなぜか耳に残った。「じこん」といい、「而今」と書く。「今、この一瞬」という意味だそうだ。「而」という漢字には、何もしない時間という意味がある。何もしないけれど、理解を深め、考えを熟成させる〝しこみ〟の時間。その静かな準備を経てようやく訪れたこの一瞬が「而今」なのだ。人生のさまざまな出来事も、この一瞬のための準備だったのだと思える「老い」を生きたい。

この言葉について、もっと詳しく知りたいと思い、ネットで検索していたら、「而今」

という名の油そば屋が出てきた。拍子抜け。でも、頭が油そばでいっぱいになった。

ぼくは油そばがけっこう好きで、江戸川橋近くの東京麺珍亭本舗にはときどき行く。酢とラー油を混ぜ合わせながら、少ない汁を絡ませて食べるシンプルな油そばだ。

よく似ているのは、盛岡にある白龍《パイロン》という店のじゃじゃ麺だ。一時期、とても気に入っていた。平打麺が特徴で、肉みそがのっており、やはり酢とラー油をかき混ぜて食べる。5分の4ぐらい食べたところで、卵と茹で汁を加えてもらって、卵スープで仕上げる。岩手はわんこそばや冷麺が有名だが、ぼくはこの〝味変〟が楽しめるじゃじゃ麺が好きだ。

コロナ禍でずっと外食を控えてきたので、話題がどうしても食べ物や飲み物になる。日本酒の「而今」は入手困難で、なかなか飲めないらしいので、コロナが収束したら、油そばでも食べに行こうか、とOさんと話した。

而今を生きる人

緩和ケア病棟を回診しているとき、気になる患者さんに出会った。76歳のユタカさん（仮名）。車いすに座って、原稿用紙に書き物をしていた。

のぞいてもいいですか、と声をかけると、どうぞと言われた。「想像と集約」と書かれていた。

彼は、東京で技術系の研究者として生きてきたという。研究データに想定外の結果が出た時、どう考えてきたか。マイナスの結果が出ても、条件設定を変えれば、マイナスからプラスになる。絶対的にダメなことなんてない。生きるうえでも、反対方向から見るようにしている。思いがけず、〝人生哲学〟を聞かせてもらった。

ユタカさんは、前立腺がんが肺や肝臓に転移していた。命の期限が迫っていることもよく承知していた。厳しい状況にもかかわらず、とても泰然として見えた。

「今、ぼくがこうやって書き残したことを、女房がどうしてくれるかわからないけれど、ぼく自体は今、未来も過去も関係なく、今この一瞬がおもしろくてしょうがない」

彼の言葉を聞きながら、ぼくは「而今」という言葉をかみしめた。

人は過去にとらわれて苦しみ、見えない未来に対して不安を抱く。そんな頭の中の妄想に飲み込まれないために、「今、この一瞬を生きる」という感覚は命綱になるのだ。

そして、老いを生きるときにも、「今この一瞬」が大事だと思う。

がんの再発がわかった日、不安から自由になった

人生最後の物欲

ぼくの好きな絵本に『100万回生きたねこ』（講談社）がある。その作者、佐野洋子さんは2010年に72歳で亡くなった。

医師から乳がんの再発を知らされた病院の帰り道、ふと目に留まったのはイングリッシュグリーンのジャガーだった。彼女は、迷わず指さして「それください」と言ったという。がんの再発がわかった日に、ジャガーを買うなんて、どういう心の動きなのだろう。

医師に質問した。

「あと何年もちますか」

「ホスピスを入れて2年くらいかな」

「いくらかかりますか死ぬまで」

「1000万」

長生きすれば、それなりにお金がかかる。けれど、命の期限を切られ、かかるお金が見えてくると、逆に不安から自由になる。「生きている」という目の前の幸せだけをかみしめて生きることができるのだ。

佐野さんの言葉はかっこいい。『死ぬ気まんまん』(光文社)など、彼女の残したエッセイを読むと、味わい深い言葉がたくさん出てくる。

「私ね、嫌なところがない人と長続きしないの」

初めからこういうふうに思ったら、どんな友だちともつきあっていける。

「立派な尊敬に値する友人だけを持っていたら、私は何と貧しい土に生きている生き物だろう」

「金持ちは金を自慢するが、貧乏人は貧乏を自慢する。みんな自慢しなければ生きていけないんだな」

どれも含蓄がある。

好きな人に宛てた手紙に、雪の上におしっこして詩をかいた話まで書いてしまったという。そしたら、「あなたが好きです」と返事が来た。それが、詩人の谷川俊太郎さん。2人は再婚し、6年ほど連れ添った後、離婚した。

父親から「命と金は惜しむな」と言われてきた。その言葉通り、父親は命を惜しまず早死にした。佐野さん自身はもともと「物欲はない」と書いている。余命2年と宣告されたときには、友人に箪笥《たんす》ごと着物を譲った。

「食欲もないのである。性欲もないのである。もう物をふやしても困るのである。もう男もこりごりである。七十でこりごりと言うと笑われる。今からお前、男つくれるのか？　はい、つくれません」

その佐野さんが「最後の物欲」として、惜しみなくジャガーをポンと買ってみせた。命の期限を切られて、もはやこれまでという時だって、人間は人間。最後まで欲望は消えることがない。

後日談がまたおもしろい。車庫入れが苦手な彼女は、美しいイングリッシュグリーンの車体を、すぐにボコボコにした。自分で買った車を、自分でボコボコにして何が悪い！　佐野さんなら、このボコボコの傷さえも、生きている証拠だと笑い飛ばしたことだろう。

結婚式より、葬式が好き

佐野さんの元パートナー、谷川俊太郎さんはこんなことを書いている。二人が結婚する前の文章だ。

「葬式に出るのはいやではない。結婚式に行くのよりずっといい。近ごろはおもしろい弔辞が少なくなったが、それでも結婚式の祝辞に比べれば、弔辞のほうがまだしも退屈しないですむ。弔辞ではおめでたいことを言わずにすむからだろう」(『ひとり暮らし』新潮文庫「葬式考」より)

なぜ、葬式のほうが好きなのか。結婚式は、未来がバラ色一色ではないことをよく知りながら、あたかもバラ色の未来が待っているような顔をして祝辞を述べる。それに対して、「葬式には未来というものがないから何も心配する必要がない。未来を思って暗い気持ちになることもない」と書いている。

この感覚、とてもよくわかる。

「死」というのは、決してタブーではない。だれでもいつか死ぬという事実を受け入れれば、「死」は心の安らぎをもたらしてくれる。死のない人生は、生き地獄だ。死を考えることで、生きている今が価値あるものとして照らされる。だから、ぼくはいつも、ピンピンひらり、ピンピンひらり、と自分に言い聞かせている。

緩和ケア病棟で、90代の男性が亡くなった。彼は若いうちに死を間近に感じる体験をしていた。

1945年8月、彼は魚雷に乗って敵艦に体当たりする日を待っていた。しかし、乗っていくはずの潜水艦が天候不順と燃料不足で遅れた。それを待つ間に終戦を迎えた。数日の違いで、命がつながった。

「死ぬのは怖くなかったですか」と聞くと、「もちろん、怖かった」と男性は答えた。でも、家族のため、ふるさとのためと考えると、不思議と恐怖は薄れた。国のためというよりは、もっと身近な、自分にとって大切な人たちを守りたいという思いが強かったという。

戦争が終わって、不動産業を営み、小さな成功を収めた。特攻で死んでいったたくさんの先輩たちに申し訳ないという思いで、一生懸命生きてきたという。

「いつ、あの世からお迎えが来てもいい」と思いながら、90歳を超えた。末期がんで緩和ケア病棟に入院したが、ぼくが回診に行くといつも笑顔で迎えてくれた。時々、一時退院して、自分で身の回りの整理をしていた。

「死」を意識して生きてきた人は、人生の密度が違う。最期は、眠るように逝った。見事な死だったと思う。

人生はゼロから始まり、ゼロにもどる

どうせなら思い切って生きてやれ!

数年前、BS朝日の「ザ・インタビュー　トップランナーの肖像」という番組に出たことがある。インタビュアーは野際陽子さんだった。東京・高田馬場にある、ぼくが代表を

しているＪＩＭ－ＮＥＴ（日本イラク医療支援ネットワーク）の事務所まで来てくれたのだが、階段を上るのも大変そうだった。２年前に肺がんの手術を受け、抗がん剤治療で体力が低下しているのが傍《はた》からもわかった。

それでも、インタビューは鋭く、あたたかく、ぼくがどんな地域医療作りをしてきたか、なぜ国際医療支援を続けているのか、そもそもどんな生い立ちか、深く切り込んできた。

そして、番組の最後に、一番大事にしている言葉は何かと問われ、「０から０へ」と色紙に書いた。

人間生まれてきたときには、みんなゼロ。ゼロの状態で生まれてくる。その後、それぞれの個性や才能によって人生を積み上げていく。なかには戦争や紛争、病気、貧困という大きな力に翻弄される人生もある。けれど、そうやって積み上げた人生も、死ぬときにはゼロにもどる。どんなに波瀾万丈で浮き沈みがあったとしても、結局、ゼロで生まれて、ゼロで死んでいく。どうせゼロにもどるなら、思いっきり生きてやれ！　そう考えると、ぼくは気持ちが楽になった。だから、「０から０へ」と書いたのである。

２００９年に96歳で亡くなった俳優の森繁久彌さんは、若かりしころ、満州でアナウンサーをしていた。戦争で負けて引き上げが始まったとき、今のお金で一人当たり6000円しか持つことができなかったという。

6000円で戦後の人生をスタートしたから、死ぬ時も6000円だけ持っていればいい、と言ったそうだ。だから、子どもたちに財産は残さない、とも。

明快な生き方は、気持ちがせいせいする。

人生は必ず帳尻が合う

「0から0へ」という意味には、もう一つある。人生で得たすべてを社会に恩返しして、ゼロにもどして死んでいきたい、という意味を込めた。

70歳を過ぎて、人生の仕舞い方を意識するようになった。「仕舞い」とは、単に終わりを意味する「終《しま》い」ではない。辞書をひくと、清算するという意味がある。そうなんだ、老いの時期は人生の清算の時期である。これまでいただいたものは、できるだけ利子をつけて返す。その人に返せなくても地域に返したり、次の世代に返したりすればいいと思う。

なかには借りっぱなしで、負債だらけという人生もあるかもしれない。それはそれでいい。返しきれないほどの恩を受けられたということは、それだけその人に魅力があったということだ。こうやって考えていくと、人生の最後は必ず帳尻が合ってくる。プラスマイナスゼロに帳尻を合わすのが、老いの時期の大きな仕事なのだ。

ピンピン、ひらりと舞いたい！

「仕舞い」の語源は能だという説もある。能ではすべての演目が終わった後、最後に披露される舞のことを仕舞いという。衣装をつけず、楽器の演奏もなく、謡《うたい》という自分の声だけで舞う略式の舞だという。

きらびやかなものをひらりと捨て去って、自分という存在だけで最後に舞ってみせるというのは、「老い」の矜持《きょうじ》と共通するものがある。

ぼくはこれまで、「ピンピン、ひらり」という生き方を目標にしてきた。生きている間は、行きたい所へ行くことができ、おいしいものを食べられるようにする。趣味やスポーツなどで楽しい時間も過ごせるだけの体力も備えていたい。そうやって命を燃やして、ひらりとあの世に逝く。これがピンピン、ひらりという生き方である。

しかし、老いの日々には、100%ピンピン元気とはいかない状態も多い。元気のパーセンテージは日に日に変化していく。けれど、病気があっても、上手にコントロールできれば、元気に生きられる。一病息災と言われるように、持病があることでかえって健康に気を配り、長生きができることもある。元気ではない部分を、いかにひらりとかわし、手なずけていけるか。老い方にも「ピンピン、ひらり」が大事だと気が付いた。

心房細動の治療後、心エコー検査をした結果、心臓の機能はよいことがわかった。心房細動の発作が落ち着けば、またあちこち飛び回れると主治医からお墨付きをもらった。

ただし、以前とまったく同じに戻ろうとは、考えていない。好奇心に従って日本中、世界中を飛び回るのは止めたくないが、自分を休ませる時間もとって、がんばったり、がんばらなかったりを行き来したい。

そして、がんばる内容も変えていかなければならないだろう。今までは、医師としての仕事、作家としての活動、趣味のスキー、国際医療支援を行う2つのNPO、地域医療を進める地域包括ケア研究所の活動など、全方位的に多くの時間と労力を費やしてきた。

これからは次世代へバトンを渡すことを意識しながら、本当に自分がやりたいことに的を絞っていこうと思っている。そう考えると、老いと向き合っていくということは、今まで以上に「鎌田實らしく」なっていくことでもある。

世代を超えて、大切なことを伝えたい

次世代の役に立つことで救われる

発達心理学者のエリク・H・エリクソンは、ライフサイクル・モデルという考え方を示した。彼は、人生を乳児期から老年期まで8段階に分け、人間は、この段階ごとの発達課題をクリアしながら発達していくと考えた。この積み重ねは、飛び級ができない。だから、青年期にしておくべき「アイデンティティの確立」ができていないと、中年になっても、老年を迎えても青春時代を引きずることになる。

エリクソンは、成人後期の特徴として、ポジティブな「世代性」とネガティブな「停

滞」のせめぎあいを挙げている。人生の下り坂は、成長がゆっくりになって停滞するけれど、それは同時に、若い世代を育てる、バトンをつなぐというプラスの面ももっているというのだ。

「世代性」（ジェネラティビティ）とは、エリクソンの造語で、若い世代を育てることによって、世代から世代へとつながる新しい価値のことだといわれる。

ぼく自身のことを振り返ってみると、たしかにそう思う。国際医療支援や被災地支援などを、いろんな世代の人たちと行ってきたのは、だれかを助けたいという思いだけではないことに気が付いた。自分の経験を違う世代の人たちに伝えられたことで、ぼく自身が救われていたように思う。

戦死した兄への思い

音楽評論家で作詞家の湯川れい子さんは、戦争に反対し、核のない世界の実現を訴え続けている。２０２１年、核兵器禁止条約が、批准した国が発効要件の50か国に達し、1月22日に発効の日を迎えた。偶然にも、湯川さんの誕生日だったこともあり、特別な思いで注視している。

一歩前進。けれど、戦争被爆国である日本が参加をしていない。核保有国も名を連ねていない。なんとしても、地球上のすべての生き物を25回殺しても足りない1万3000発の核兵器をなくさなければ――。そう強く訴える湯川さんは、戦争を目の当たりにしてきた世代である。美空ひばりの「東京キッド」の「もぐりたくなりゃマンホール」という歌詞のように、親も家も失った戦争孤児たちが駅前のマンホールで、生き延びてきた姿を見てきた。

18歳年上の兄は、大学を卒業後、陸軍に徴兵されてフィリピンで戦死した。アメリカの映画や音楽が大好きでやさしかった兄が、なぜ死なねばならなかったのか。その悲しみと憤りが、反戦への思いを支えている。

その兄との忘れられない思い出がある。1945年初夏、戦地に送られる直前に、休暇をとって帰って来たことがあった。すでに父は他界。兄はたった一人で庭に防空壕を掘ってくれたのだ。幼かった湯川さんは、汗まみれで庭を掘る兄の姿をじっと見ていた。そのとき兄が吹いていた口笛もずっと記憶に残っていた。

その後、兄はフィリピンで「この村を死守せよ」という命令により戦死。終戦のわずか4か月前のことだった。

8月、広島、長崎に原爆が投下され、日本は敗戦した。

世の中は大きく変わっていく。中学生になった湯川さんはラジオの進駐軍放送から流れる音楽に夢中になっていた。そのなかの一曲が、ふと耳に止まった。初めて聞くはずの音楽なのに、なぜか口ずさむことができたのだ。それが、あの日、兄が口笛を吹いていた曲だと気付いたとき、兄の思い出が一気に立ち上がってきた。

防空壕を掘る兄に、湯川さんは何の曲かを尋ねた。

「ぼくが作った曲だよ」

本当は、当時アメリカでヒットしていた「午後の入り江」という曲だった。兄は「敵国」アメリカの曲だとは言えず、しかし、心の中までは戦争に染まらず、大好きな曲を口ずさんでいたのだ。

「音楽は、平和でなければ存続しない」と湯川さんは言う。

「だからこそ、戦争なんてしてはいけないんです」

「人が産んだ人の子を、人が殺してはいけないんです」

50年代から海外のロックスターを日本に紹介し、日本の歌謡シーンを彩るさまざまな楽曲の作詞をしてきた。ずっと音楽に携わってきた思いの根底には、兄が残した、戦争に染まらぬ自由な精神があるのだろう。

90歳になってもピンヒール

ぼくが代表をしているJIM－NETは、イラクの小児がんの子どもやシリア難民を救うために、毎年チョコ募金を行っている。イラクとシリアの子どもたちが描いた絵が、チョコレートの缶にプリントされていて、寄付をいただいた方にプレゼントしているのだ。

湯川さんは、このチョコ募金が始まった15年前から応援してくれている。

「どの国の子どもでも、子どもは未来なんです」

穏やかだが、毅然《きぜん》としたメッセージは、とても心強い。

1936年生まれで86歳。「毎日疲れ果てて、今日は何とかクリアしたけど、明日はどうかなと思うときでも、ここで歩かなきゃと思って歩く。すると不思議に元気になるんです」

目標は90歳でピンヒールで歩くこと。ぺったんこの靴のほうが歩きやすいのでは？と思うのだが、湯川さんは真っ向から否定する。逆に足元への集中力がなくなって、滑ったり転んだりする、と快活に笑う。

「ぜひ、一緒にイラクの子どもたちに会いに行きましょう」

数年前から、ぼくと湯川さんはそう約束しているが、過激派テロ組織ＩＳの横行や新型コロナのまん延で、なかなか実現できないでいる。21年11月、オンラインで行われたチョコ募金キックオフイベントで画面ごしにお会いしたが、このときも、あらためてイラク行きを誓い合った。

「もし、イラクに行くことができたら、きっと、イラクでも兄のことを思うでしょうね」

湯川さんは、そうつぶやいた。

平和の大切さを次世代にしっかりと手渡していくことで、兄の短い生の証を確かめているようだった。

「死」の視点に立つと、「老い」はプラスに見えてくる

加点法と減点法

　ぼくは、いつ死んでもいいと思っている。若いころから、自然にそう思うようになった。けれど、「いつ死んでもいい」と発言すると、たいてい微妙な空気になる。周りの人にしてみれば、「そうですね」とも言えないだろうし、「いやいや、もっと長生きしてください」としらじらしいことを言うのも煩わしいに違いない。

　周りの人を困らせるつもりはないが、それでも時々、「いつ死んでもいい」と口からこぼれてしまう。人生を投げているわけではない。生き急いでいるつもりもない。ただ、「いつか必ず死ぬ」ということを、自分自身に言い聞かせているのだ。

　いつか必ず死ぬということを意識することは、違う角度から人生にライトを当てることである。すると、「老い」も違った姿が見えてくるように思う。「生」の側からライトを当

てた「老い」は、体と心の衰え、当たり前にできていたことができなくなっていく喪失感、親しい友や家族との別れ……さみしい光景が映し出される。

けれど、「死」の側からライトを当てると光景は一変して見えてくる。さまざまなしがらみから解放されて、自由になった姿。いっさいの虚飾がはがれ落ち、ピュアな部分がむき出しになる。美しいと思う。

人生は、加点法で考えるか、減点法で考えるかで大きく変わってくる。もともと100点だったのに減点されて50点になった場合と、0点から加点されて50点になった場合では、同じ50点なのに、加点されたほうが満足度が高い。

「老い」も、「生」の視点では減点ばかりが目立つが、「死」の視点に立てば生きているだけで万々歳だ。

91歳の安楽死宣言

脚本家、橋田壽賀子さんが91歳のとき、安楽死宣言をして物議をかもした。「文藝春秋」(16年12月号)に掲載されたエッセイ「私は安楽死で逝きたい」で、橋田さんはこんなふうに書いている。

「周囲に迷惑をかけたくありませんから、頭がボケた状態では生きていたくない。何もわからなくなって、生きる楽しみがなくなったあとまで生きていようとは思わないんです」

さらに橋田さんは「回復の見込みがないままベッドに寝ているだけで、生きる希望を失った人は大勢います。長患いをしてもうこれ以上子どもに迷惑をかけたくないという人もいる。そういう人が希望するならば、本人の意思をきちんと確かめたうえで、さらに親類縁者がいるならば判をもらうことを条件に安楽死を認めてあげるべきです」と、安楽死の法制化も求めている。

安楽死とは、日本尊厳死協会によると、医師などの第三者が薬物などで患者の死期を積極的に早めることをいう。これに対して、尊厳死とは、延命治療をせずに自然死を迎えることである。どちらも、「不治で末期」「本人の意思による」というのが条件になるが、協会は安楽死を認めていない。

なぜ、そんなに安楽死を望むのか。橋田さんと「文藝春秋」(17年3月号)で対談した。

人に迷惑をかけたくない

ぼくは、命はその人のものだから、その人が決めることができるようになったらいいと思って、医師を続けてきた。だから、橋田さんの心情はよく理解できた。

ただし、実現するのはとても難しい。日本では、安楽死を認める法律はない。安楽死を法制化するには、議論しなければならない問題が多すぎる。

橋田さん自身も対談で、「遺言状に認知症になったら安楽死させてくださいと書いても、お医者さんにはどこで線引きしていいかわからないですよね」と、判断の難しさについて言及している。

その通りだと思う。認知症で機能が低下していくなかでも、その人らしさを輝かせることはできる。いくら本人が認知症になる前に安楽死を希望したとしても、本人すら想像できなかった「幸せ」があるかもしれない。まして、安楽死のタイミングを、医師や弁護士が判断するのはとても難しい。

ぼくの友人に、若年性アルツハイマー病のSさんがいる。彼は、51歳で診断されて以来

10年以上、病気のことを隠さず、前向きに生きてきた。美術館に行ったり、招かれて認知症についての講演をしたり、ときどき家に帰れなくなることはあるが、そんなことには負けてはいない。「生活は不便になったけど、ぼくは幸せです」と彼は言っている。

けれど、彼の言葉を橋田さんは知らない。認知症になれば「自分らしさ」を失う。そうなれば、無理して生きたくないということなのだ。このとき橋田さんには「生」の視点から、衰えて人に迷惑をかけるかもしれない自分しか見えていなかった。そんな「老い」を受け入れられなかったのではないかと思う。

「死にたい」は「生きたい」の裏返し

橋田さんは安楽死がすぐに法制化されないなら、延命治療はしないという尊厳死に望みをかけるしかないと言った。

「鎌田先生にゴマをすっておこう。先生の病院に入院して、こっそり注射一本打っていただいて……」などと冗談を言う。

「注射はしませんけど、最期まで橋田さんの気持ちをくんで看取《みと》ります」

諏訪中央病院の緩和ケア病棟に来ると大事にされて、もう少し生きて、諏訪湖の花火を見て死にますなんて言うかもしれませんよ、と話した。

すると、すぐさまこんな答えが返ってきた。

「今年の8月は花火の日に、諏訪湖の真ん前のホテルを予約しているんです」

笑った、笑った。橋田さんらしい。

安楽死や尊厳死を望む一方で、血液検査が大好きで、毎月病院へ行って検査をしているという話も聞いた。人間ドックも頻繁に受けているし、バランスボールを使って、きちんと体幹の筋トレもしている。

死を望みながら、健康に気を遣うなんて、矛盾しているように思える。けれど、「いつか死ぬこと」を覚悟することは、「早く死にたい」ということではない。生きている限りは、自分が思うように生きたい、ということなのだ。

橋田さんは、安楽死を合法とするオランダの事情なども調べていた。そうした過程で「死」についての考えを深めていった。遅かれ早かれいつか自分が死ぬことを実感したに違いない。そうやって「死」から「老い」を見つめながら、「老い」を受け入れていったのではないだろうか。「死」の視点に立てば、もう死ぬことだって、老いることだって怖くはないのだ。結局、老い方上手は、死に方上手と言える。

安楽死についての対談以降、橋田さんとお会いする機会はなかった。けれど、彼女の様子を伝え聞くに、諏訪湖の花火を楽しんだり、世界一周のクルーズを予約したり、けっこう人生を楽しんでいるように見えた。

「友だちはいらない」とも言い続けていた。かといって、孤独な人ではなかった。夫に先立たれてから一人暮らしだったが、行きつけのレストランのシェフや、スポーツジムのトレーナー、仕事関係の人など、さまざまな人たちとのつきあいを続けていたそうだ。心の中をさらけだすような濃厚な人間関係ではなく、ほどよい距離感のゆるやかな関係があることが、老いを生きるうえでは、大事なセイフティネットになっていた。

安楽死より老い楽死

対談から4年後の2021年4月、橋田さんは、95歳で亡くなった。急性リンパ腫のため入院していたが、延命治療拒否の意思を聞かされていた俳優の泉ピン子さんが、熱海の自宅に連れ帰り、看取った。本人が望んだ形の、穏やかな最期だったようだ。

これも見事だなと思う。当たり前のようで、実行できる人は多くない。自分の最期ぐらい、意思表示をしておくことが大切だ。

ぼくの患者さんで一人暮らしだった女性は、冷蔵庫にこんな紙を貼っていた。

「万が一の時があっても、救急車を呼ばないでください。私はもう十分に人生を楽しみました」

友だちが訪ねてきて、意識がない状態の自分を発見したとき、慌てずに済むようにメッセージを残しているのだ。

こんな自己決定が一つできると、老いを生きるうえでの自己決定も一つ一つできるようになる。その積み重ねが、自分らしい人生を完成させていく。

橋田さんの安楽死宣言は、多くの宿題をぼくたちに残した。合法ではない安楽死を望まなくてもいいように、日本の死の質を高めていく必要がある。あたたかな看取りも必要とされている。そして、安楽死の議論をする過程で、一人ひとりがどんな死を望むのか、そのために医療や制度はどうあるべきか、じっくりと考えていくことが大切なのではないだろうか。

結局、橋田さんには、安楽死は必要なかった。「死」を考え抜いたからこそ、老いの楽しみが見えてきた。見事な「老い楽死」だったと言える。

第6章
老いは自由へのスタートライン

下りの予感のなかで、内なる情熱に気付く

挑戦が人生の火を燃やす

2021年春、フリーキャスターの辛坊治郎さんが、64歳で冒険の旅に出るというニュースに、ぼくの心は躍った。「そこまで言って委員会　NP」「ウェークアップ！　ぷらす」（ともに読売テレビ）を卒業し、ヨットで太平洋単独無寄港横断に挑戦するという。

辛坊さんは13年にも、全盲のセーラー岩本光弘さんとともにヨットでの太平洋横断に挑んでいる。このときは、クジラと衝突し、沈没。自衛隊に救助されるという苦い体験をした。会見で涙ながらに悔しさを語ったが、そのときから再挑戦を決めていたという。

関西弁で、歯に衣着せぬ物言い。視聴率の取れる司会者として不動の地位を築いてきた辛坊さん。テレビ画面を通してしか知らないが、ひとクセありそうな人となりを、ぼくはちょっとばかり敬遠していた。

けれど、簡単にあきらめないところといい、レギュラーの仕事を辞めてまで挑戦するという潔さといい、なかなかカッコいい。こういうチャレンジングな精神が、人生の火を燃やすガソリンになる。悔しいけれど、少しホレてしまった。

「そこまで言って委員会NP」の司会は、黒木千晶アナウンサーに引き継がれた。彼女に対して、最後の言葉は、「今後はネットは見るな」。炎上覚悟でいろんな発言をしている人だから、ネットでたたかれてもそれほど気にしていないのだろうと思っていたが、本当は傷ついていたのかもしれない。自虐的な笑いで周囲を沸かせた。

中東でテロ組織に捕まった人に対して「自己責任」と言っていた彼は、挑戦の航海に出た後も、自己責任論を語り続けるのかどうかも興味があった。

不安も孤独も生きている証

21年4月9日に大阪を出航した辛坊さんは、6月16日に米国・サンディエゴに到着。その6日後には日本に向けて再出発し、8月24日、無事に大阪のヨットハーバーに戻って来た。往路69日間、復路62日間の大冒険。関係者や取材陣が拍手で迎えるなか、10キロほどやせ、ひげ面になった辛坊さんが照れ臭そうに下船した。

「はっきり言います。無謀です。おすすめしません」

辛坊節は健在だったが、太平洋の単独無寄港の旅はよほど過酷だったようだ。ＹｏｕＴｕｂｅに上げられたそのときのインタビューで、辛坊さんはさまざまな話をしている。

たとえば、逃げることができない海の上で、浮かんでくる不安について。

「食事の後、体をよじって寝ていると、不意に腸ねん転になったら、ここじゃ助からないな、と」「脳卒中や心筋梗塞になったらもうあきらめるしかない。でも、盲腸は切っているから、盲腸になる心配だけはないか」

荒れる海で体をつなぎとめるのはロープ一本。嵐の中で投げ出され、ワイヤーに体がひっかかって命拾いする経験もした。おのれの命の小ささ、頼りなさに、広大な洋上で足がすくみあがる。かと思うと、降るような星空に感動し、トビウオがビュンビュンと飛んでいくのを見て、スゲェ！　と声を上げたりする。

恐怖も不安も、孤独も感動も、すべてが生きていることの証なのだ。

印象的な言葉があった。

「人間いつかは死ぬというのは当たり前のことですが、こんなに毎日毎日、死を見つめたことはないですね」

死を思い、若くして他界した同級生のことを思い出した。

彼らは死んで、自分はなぜ生きているのか——。ぼくもそんなふうに思うことがある。緩和ケア病棟で出会ったたくさんの患者さんたちの顔が思い浮かぶ。

ヨットの上では、衛星通信電話で短時間、家族に生存を知らせる以外、世界や日本の様子を知ることができなかった。新型コロナも、東京オリンピックもまったくない世界にいたのだ。マスメディアで生きて来た人間としては、きっと情報に飢えているのではないかと推測する。日本に帰ってきて、どんな情報が気になりますか？　という質問が出た。しかし、その質問を一蹴する。

「ニュースの世界で何十年もやってきてなんですが、たいていのニュースは人生と関係ない！」

これ、最高のコメント。

人生は長い航海。一寸先はわからない。だからこそ好きなように生きればいい。

お金より大事な自由の価値

早く気付いた者が勝ち

ある年の暮れ、当時74歳の男性を回診した。胃がんで、リンパ節と肺に転移がある。早坂義征さん。「物書きだ」と名乗った。

そこから自然と、彼の著作の話になった。『トーポリの舞う街』（新風舎）という小説を書いている。トーポリとは、ポプラに似た木に咲く綿毛のような花。風に舞う様子は吹雪のようだという。電機部品メーカーに勤務し、ロシアや中国で働いたときの経験を活かした作品だそうだ。翻訳した『周恩来・最後の十年』（張佐良著、日本経済新聞社）はベストセラーになった。

「どんなきっかけで本を書くようになったんですか」と、ぼくは聞いた。

そこへ、付き添っていた奥さんがやんわりと割って入った。

「お忙しい鎌田先生をこんなに長く引き留めてはいけません」

ぼくへの気遣いと同時に、長話に夫が疲れないかという心配が感じ取れた。ぼくもうっかりしていた。話が弾んで、小一時間が経っていたことに気付かなかった。また話の続きをしましょうと言って、握手して病室を辞した。

翌日、彼から手紙が届いた。自分の作品についてついつい長々と話してしまい申し訳なかったということと、ぼくの質問に答えたいと、走り書きのように書かれていた。

本を書くようになったきっかけは何かという質問だ。

「私の回答は極めて単純です」と、手紙に書かれていた。

彼は、ある時期、自分の人生に疑問を持つようになった。このまま定年まで勤めて、「ぬれ落ち葉」のように妻の後を追いかけたり、毎日、何もすることがない生活になるのが恐怖だったという。そのとき、彼は、ソ連の生化学者オパーリンの言葉を思い出したという。

「人間はさまざまな使命を帯びて生まれてくる。大事なことは、その人がその人に課せられた使命として目覚めて生きるかどうかだ」

彼は会社を辞め、一念発起して作品を書き始めた。49歳の秋だった。経済的に不安はあったが、やりたいことをやろうと決め、人生がシンプルになった。

「与えられた使命に気付くのは年齢に関係ない。早い者勝ちだ。これが先生のご質問に対する回答です」

彼の言葉である「使命」とは、人生をかけてやりたいこと、という意味だろう。それに気付き方向転換ができた自分自身に誇りを持っているように感じた。

彼は、この2週間後に亡くなった。

人生の幸福度を上げるもの

カナダのブリティッシュコロンビア大学が、興味深い心理学の研究を発表している。給料は高いけれど、労働時間が長い仕事と、給料は安いけれど労働時間が短い仕事、どちらがいいか、といった質問をし、それぞれの幸福度の高さを調べた。すると、「お金をもつこと」以上に「自由な時間をもつこと」に価値があると気付いた人は、人生の幸福度が高いことがわかった。

でも、幸福度が高いからといって、すべての人が「自由な時間」を選ぶとは限らない。むしろ、「お金」のほうを優先してしまう人のほうが多いのではないか。時には積極的に、時にはやむを得ず。

生まれたときから〝下り坂〟の日本しか知らない若者世代は、お金の価値をあまり信用していないように思える。「そもそも安定なんてない」と割り切っていて、お金のために滅私奉公するよりも、自由な時間を謳歌して幸福感を得るほうがいいと考えているようだ。

一方、高度経済成長期を経験したぼくたち世代は、自由というものをないがしろにしてきた。それよりも、目に見えるお金のほうがわかりやすかった。その後、バブルや大震災を経験しながら、少しずつ成熟し、自由の価値に気付き始めている。

この研究では、年齢が上がるにつれて、お金より自由な時間を重視する傾向が強くなっていく。お金という欲望は無限だが、人生の時間は有限。人生の時間に限りがあることに、本当の意味で気付いた人こそ、「自由な時間」の価値をよく知っているということだろう。

晩年こそ外へ外へと働きかけよう

地域文化のためにホールを作った男

老いを受け入れることは、敗北を認めるような、さびしさがある。40、50代のころはそんなふうに思っていた。しかし、最近はちょっと違う受け止め方をしている。老いを生きることは、自由になっていくことだと気付いたのだ。仕事を退職し、子育ても終わった。ようやく身軽になって、やりたいことがやれるときが来たのである。

サマセット・モームいわく「老年の最大の報酬は、精神の自由だ」。

まさに、これが老いのキモだと思う。

心房細動のカテーテル・アブレーション治療から1週間後、山形県で小室等さんと久しぶりにトーク&コンサートを予定していた。主治医に相談すると、まったく問題ありません、と太鼓判を押され、久しぶりにステージに立った。

小室さんとは、1992年と94年の2回、チェルノブイリに行っている。そのとき、曲も、歌詞も、降ってきたというのが「雨のベラルーシ」という曲だ。ぼくが撮影した写真を舞台で流しながら、小室さんはギターの弾き語りで「雨のベラルーシ」を歌った。マイクを通さない生声が、雨のように心にしみいってくる。素晴らしい体験だった。

退院したばかりでなかったら、近くのかみのやま温泉に一泊して、ゆっくりするのだが、今回はとんぼ返りの講演となった。

このトーク&コンサートの会場、東ソーアリーナ（旧シベールアリーナ）は、ぼくにとってとても思い入れのある会場だった。作家の井上ひさしさんが構想した「びっくり箱」のような劇場を、地元の洋菓子店シベールの創業者・熊谷眞一さんが形にした。

500席のぬくもりのある劇場。その隣には、井上ひさしの蔵書7万冊以上を収蔵する遅筆堂文庫が建ち、「ひょっこりひょうたん島」の人形などが展示されている。

熊谷さんは、25歳のときに持ち金20万円でパン・洋菓子店を始めた。売れ残りのフランスパンを苦肉の策でラスクにしたところ、これが評判を呼んだ。やがてラスクブームは首都圏にも広がる。順調に店舗を拡大し、ラスクの通販も拡大。64歳のとき、ついにジャスダック上場を果たした。起業家としては、ここで終わっても大成功だ。

しかし、彼は違った。地域貢献に目を向け、山形出身で親交のあった井上ひさしゆかりの劇場を作り、地方文化の発展に力を尽くしはじめるのだ。69歳のときである。

このホールのファンになった人は多い。ぼくも、永六輔さんや加藤登紀子さんに「いいホールだから応援してあげて」と言われて以来、毎年だれかと一緒にトーク&コンサートという形で、講演を行っている。

本業の洋菓子店は、競合店が増え、ラスクだけで支えていくのが難しくなった。2019年、シベールアリーナは、洋菓子店の経営破綻により存続の瀬戸際に立つ。東ソーという会社が助け船を出し、「東ソーアリーナ」という名前に変えて、文化発信を続けている。熊谷さんは脳卒中などで体調を崩すが、引き続き、資産を投入して劇場の運営に携わっていた。それは21年に79歳で亡くなられるまで続いた。

人づてに聞く話では熊谷さんは、自分の作った文化ホールをこよなく愛し続けていたという。脳卒中にも負けずに常に前向きだったと聞いた。

洋菓子店を成功させた後の熊谷さんの生き方をたどると、一つの老いの生き方のヒントが見えてくる。常に他者へと視野を広げ、無私となって社会貢献を始める。だからこそ、その思いを継ぎたいという人が現れてくるのだろう。

最後まで平和を訴えた哲学者

バートランド・ラッセルの『幸福論』は、自分の関心を内へ内へと向けるのではなく、外界へと好奇心を抱くことこそが幸福獲得の条件であると説いている。数学者で哲学者、人道的理想主義者でノーベル文学賞も受賞しているラッセルが、58歳のときに書いたものだ。

「人間、関心を寄せるものが多ければ多いほど、ますます幸福になるチャンスが多くなり、また、ますます運命に左右されることが少なくなる。かりに、一つを失っても、もう一つに頼ることができるからである」(『ラッセル幸福論』安藤貞雄訳、岩波文庫)

好奇心をもって、物事をおもしろがることが大事だと思っているぼくは、この言葉にとても共感する。そして、行動範囲が狭くなりがちな「老い」の時期こそ、心だけでも自由に、多くのものに関心をもっていたいと思う。

1872年、イギリスの貴族の家に生まれたラッセルは、幼くして両親と死別し、厳格な祖母に育てられた。思春期は自殺も考えるほど思い悩んだそうだ。だが、数学と出合い、楽しみを見つけたことによって、人生が充実する。そんな体験がこの幸福論のベースにあるのかもしれない。

また、ラッセルは、「愛されること」も重視している。人から愛されることがないと、「自我の牢獄《ろうごく》」にとらわれて、自分探しから抜け出せない。他者や社会へ、興味と愛情を向けることで、他者からも興味と愛情の対象になる。これが人間の幸福なのだと説いている。

理論だけでなく、実践もした。アインシュタインや湯川秀樹らと核兵器廃絶、科学の平和利用を訴えた「ラッセル＝アインシュタイン宣言」をするなど、最後まで平和活動に尽くした。彼は、97年の生涯で、四度の結婚を経験した。最後の結婚は80歳のとき。エネルギッシュな一生だった。

人生の二毛作、三毛作を可能にする「変化する力」

俳優業から農業へ

人生100年時代といわれる現代、老後を「余生」と呼ぶにはあまりにも長すぎる。今のように寿命が長くなかった時代、人生スゴロクは単純だった。高校や大学を出て、新卒で就職し、定年まで勤めあげればアガリは目前だ。

しかし、今、人生の二毛作、三毛作が必要な時代になった。

2014年に亡くなった俳優の菅原文太さんとは、晩年、病気の相談を受けるなどつきあいがあった。東日本大震災の後、一緒に福島の支援に行ったことも思い出深い。

『仁義なき戦い』や『トラック野郎』などで一世を風靡《ふうび》した。しかし、映画界に陰りがさし、自身も60代に入ったころから農業への関心が高まっていく。岐阜県清見村（現・高山市）への移住を経て、09年には山梨県北杜市の耕作放棄地で農業を始めた。農業生産法人

「竜土自然農園おひさまの里」を設立。近くの閉鎖されたペンションを借りて、農業を志す若者や人生に迷っている中年たちが寝泊まりできるようにしながら、有機農業に取り組んでいた。

東京で会うといつも、料亭や和食レストランに連れて行ってもらった。格式の高そうな料亭も、飾らず、さりげなく訪《おとな》う姿がカッコよかった。

お返しに、蓼科にあるインド人が経営するナマステというカレーハウスにお連れすると、とても気に入ってもらえた。たびたびふらりと長靴のままやってきて、一緒にカレーを食べに行った。

築地にある、当時ぼくの行きつけのイタリアンレストランにお連れすると、旬の魚の料理を、文太さんはすごく気に入った。マスターと仲が良くなり、新鮮な魚に見合う、新鮮な野菜があればいいという話になった。ちゃっかりと、自分が作った無農薬有機農法の野菜を売り込んでいた。ニクめない魅力があった。

任侠からやさしい父親までを演じる俳優の菅原文太と、命や食の安全を通して、時には世の中に活を入れる農業人・菅原文太。一見、違うようでもあるが、人間とは何か、生き

ると は何かを追求する姿勢は共通していた。

脱皮しない蛇は滅びる

人生の二毛作とは、定年後の長い人生をおもしろく、充実させる生き方の一つだ。一つの仕事をライフワークとしてずっと続けていくという方法もあるが、それほど強い思い入れがなければ、まったく違う分野の仕事や活動を始めるのもおもしろいと思う。

まったく違う分野でも、真剣に向き合っていくと、第一の仕事で得た経験や知恵が生きてくるし、気が付かなかった自分の能力を発見できるかもしれない。そこから興味が広がって、三毛作目の仕事や活動に広がっていく可能性もある。

二毛作目、三毛作目の仕事選びは、若い時の転職と違って、あまり気負わなくてもいい。少なくとも若いときのように、将来を考える必要はないのだ。ずっと心のなかにあった〝第二候補〟を実現するのもいい。お金を得る仕事でなくても、趣味やボランティア活動に取り組むのもいいと思う。

どんなことをするかはまったく自由。大切なのは、生きがいという視点だ。同じ〝畑〟

で何度も収穫しようとするからには、肥料をやらなければならない。その肥料となるのが、生きがいである。やっていて楽しいと思えるもの、自分を成長させてくれるもの、人の役に立つもの……そんな生きがいたっぷりの〝畑〟からはきっと美しい花が咲く。

生きがいは、健康にもいい影響がある。なかでも、人のために役立つボランティア活動は寿命を延ばす可能性がある。米国ハーバード大学の健康と退職に関する大規模調査では、ボランティア活動をまったくしない人に比べて、年間１００時間以上している人の死亡リスクは44％低く、年間50～99時間している人では28％低いという結果になった。

高齢になると、変化への順応力が弱くなるといわれる。新しいことへの挑戦にも二の足を踏んでしまいがちだ。たしかに、そういう一面はあるが、外側から押し付けられた変化ではなく、自ら望んだ変化ならば十分に適応できるように思う。

ニーチェは、「脱皮しない蛇は滅びる」と言った。いくつになっても、自ら変わっていく勇気を持ちたい。

人間はいつでも何度でも生き直せる

自分の本分とは何か

僧侶の高橋卓志さんは、みんなから「ジンさん」と呼ばれている。長野県松本市にある神宮寺の住職だからだ。臨済宗妙心寺派のれっきとしたお坊さんだが、ジンさんに宗派を尋ねると「みなのしゅう」とダジャレが返ってくる。

ジンさんとぼくは同い年。つきあいも長い。ぼくが代表をしている日本チェルノブイリ連帯基金（ＪＣＦ）では、発足当初、事務局長をしてもらった。ＪＣＦの財務基盤や人脈をつくったのはジンさんだ。

東日本大震災の直後は、諏訪中央病院の医師や看護師らと一緒に被災地に入って、後方支援に当たった。まだガレキの散乱する町で、毎朝早く、彼は体育館の遺体安置所へ赴き、お経をあげた。突然、命を奪われた人たちと、その死を必死に受け止めようとする遺族たちにとって、どんなに心の慰めになっただろうか。その読経は、今もぼくの脳裏に響いている。

そんなジンさんは、神宮寺の住職を父親からしぶしぶ継いだ。「何も考えずにお経をあげるだけの眠ったような坊主だった」と、当時の自分について語っている。

彼を変えたのは、南方の島に埋まる戦没者の遺骨収集の旅。ニューギニア北西部にあるビアク島に眠る日本兵の遺骨と、遺族の女性の嗚咽《おえつ》。このとき、人の苦しみや悲しみに寄り添う覚悟ができたという。

ジンさんが行う葬儀は、亡くなった方の個性が感じられる。亡くなる前に本人から希望をちゃんと聞いている。絵が好きだった人には展覧会を兼ねた葬儀、音楽が好きな人には音楽葬。葬儀が、残された者のためだけでなく、本人が自分の人生を総括し、肯定するためのものにもなっている。

ジンさんは「寺こそNPOの元祖だ」と言う。単なるセレモニーに終わらず、生と死を支えて行こうと思ったとき、本来の寺の存在価値が見えてくる。その一つが、NPOケアタウン浅間温泉の活動だった。

神宮寺は、浅間温泉のなかにある。かつては観光客でにぎわう温泉街だったが、時代とともに斜陽になり、廃業する旅館が多くなった。あるとき、老舗旅館の主から廃業の決意を聞かされ、温泉を中心に地域のコミュニティケアの拠点をつくろうと思いつく。高齢者のデイサービス、在宅ホスピスやデイホスピス……。温泉に入りながら人と交流したり、痛みを緩和してもらおうとする拠点づくりは、医療と介護、地域とお寺が結びついたユニークな取り組みだった。

地域と同時に、海外にも目を向けている。NPO法人アクセス21をつくり、タイのHIV患者の生活支援を始めた。HIV患者の経済的自立のために、彼らがつくった作務衣《さむえ》を日本で販売し始めた。アクセス21は「あくせく21」、お寺でするボランティアだから「ボランテラ」……ダジャレを言いながら、実に精力的だ。

「学びは遊びだ」と言い切って、お寺で10年間続けた「尋常浅間学校」もユニークだった。校長は永六輔。教頭は無着成恭。ぼくも何度も講演に呼ばれた。筑紫哲也、佐高信、おすぎ、ピーコ、小沢昭一らを講師に迎え、長谷川きよしや森山良子のコンサート、マルセ太郎の一人芝居などを上演した。内側から次々と変化を起こし続けている。

生き直しの産湯

そんなジンさんの活動に、ぼくはいつも驚かされてきた。そして、またまた驚かされることがあった。神宮寺の住職を引退し、タイで学ぶ決心をしたのだ。お寺は後継者にバトンタッチし、いくつも立ち上げて軌道に乗せたNPOも、きれいさっぱり人に譲り渡した。

そして、ジンさん自身はとりあえず、妻の実家がある京都に引っ越した。龍谷大学で教壇に立ち、年の半分はタイのチェンマイ大学で仏教を学びながら修行する計画だった。

この転機について、ジンさんはこんなふうに書いている。

「もうタテマエを気にする必要はない、自分を保全するためのウソをついたり、人の顔色をうかがったりする必要もない。自由に、正直に生きよう」「いままでのぼくに決着をつけ、生き直しのために『再誕の産湯』につかったら、どんな地平が広がるのだろう。それを見てみたい、そう思った」

文章から清々《すがすが》しい若さが感じられた。

しかし、人生は何が起こるかわからない。新型コロナウイルスが蔓延し、ジンさんの計画は中断を余儀なくされた。さらに最近、大腸がんが見つかり、諏訪中央病院で手術を受けた。それでもめげていない。めげるどころか、むしろ僧侶としての彼に火をつけた。

宗教家として、死ぬということはどういうことかを分析し、ダブリンやロンドンのホスピスを見学。ロンドンの小さな家庭的な安息所マギーズハウスを訪ね、「病人ではなく一人の人間に戻れる、そして死の恐怖の中でも生きる喜びを感じられる」と感動し、スイスの自殺幇助組織エグジットを訪ね、命の厳しさを直視した。

その旅で感じたことを「快く死ぬ方法」という文章にし、終末医療の専門家に混じって、月刊「心理学と臨床」（2021年12月号）で発表した。がんや死について書かれたその手記は、生きる意味を探しあるく冒険物語の味わいがあった。

病気になるのも、老いていくのも、人生の一道程。

病気になってもただでは起きないジンさんの生きざまから、今後も目が離せない。

死者も生者もやってくる地図にない庭

亡き人と対話する「風の電話」

風の便り、風のうわさという言葉があるが、「風の電話」とはよく名付けたものだ。この電話は電話線につながっていない。だが、人から人へ、記憶から記憶へ、言葉から言葉へ、そして、この世からあの世へと、目には見えない風を介して、たしかにつながっている。

岩手県大槌町にある鯨山の麓に、ポツンと据えられている「風の電話」。これを佐々木格さんが設置したのは、幼いころから慕っていた従兄を、がんで亡くしたことがきっかけだった。逝った人と遺された人がつながる場をつくりたい、と考えた。

そんな矢先、東日本大震災が起こった。大槌町でも大きな被害に見舞われた。死者行方不明者１２８５人のうち４００人以上の方が今も行方不明のままだ。

震災の翌月に完成した「風の電話」は、急速に知られるようになった。突然の別れを強いられた人たちが心の中の相手と対話するために、全国から訪ねてくる。その数は3万人を超えるという。

電話ボックスに備えられたノートには、たくさんの人の思いが綴られている。

「母さん、どこにいるの。親孝行できずにごめんね。会いたいよ」

おそらく津波に遭い、ご遺体が見つからないお母さんを偲《しの》んでいるのだろう。

「お父さん、たくさんのありがとうを込めて。お母さんと私たちのことを見守っていてね」

震災とは関係なく子どもを亡くした人の記述もある。

「明日は（子どもの）誕生日、風の電話を通して、お誕生日おめでとうが言えました。ありがとう」

ぼくも「風の電話」の電話ボックスに入ってみた。狭い空間がとても心地よい。自分の発した言葉に包まれ、不思議な気分になる。

受話器を上げて耳に当てると、向こう側にだれかがいるような気がした。それは、20年前に他界した父のようでもあり、過去のぼく自身のような気もした。

人生を楽しむ勇気

佐々木さんと初めて話したのは、「日曜はがんばらない」というラジオ番組内だった。どんな思いで「風の電話」をつくったのか、電話で話を伺った。

その後、ぼくは6月のある一週間を「東北応援週間」と勝手に決めて、被災地を訪ねた。4つの高校で、「教科書にない一回だけの命の授業」をしたり、南三陸や気仙沼大島で、ボランティアで元気づけの講演を行ったりした。

その合間を縫って、「風の電話」まで足を延ばした。同行者は、陸前高田や南三陸に住む医療介護の専門職の人たちで、津波で夫を亡くした看護師もいる。彼らが交代で車を運転してくれたのだ。

現地に着き、驚いた。「ベルガーディア鯨山」と名付けられたプライベートガーデンの、実に広大で、美しいこと！

大きな石を組み上げたロックガーデン、季節の草花が咲くハーブガーテン、ローズガーデン、コニファーガーデン……。「風の電話」はほんの一部で、その周りに豊かで居心地のいい世界が広がっていたのだ。

2012年に完成した「森の図書館」は、数年がかりで石を積み上げてつくった。絵本のなかにある世界観を、そのまま実現したような雰囲気である。こうした美しい建物とガーデンを、佐々木さんがほぼ一人でつくったと聞き、さらに驚いた。美しい石組みを見ながら、どうやって一人で積み上げたのか、佐々木さんの考える力とそれを実践する力に感嘆するしかなかった。

それにしても、なぜ、佐々木さんはこんな広大なガーデンをつくろうと思ったのだろうか。

彼は中学卒業後、釜石の製鉄会社で働いてきた。しかし、昭和の終わりごろ、鉄の産業が斜陽に。佐々木さんも、会社が新規事業として始めた食品関係の会社へと派遣された。

おもしろいのは、食品会社で魚屋から包丁の扱い方を教えてもらい、マスターしたところだ。食品会社の経営に、包丁さばきは必要ないのだろうが、そこは佐々木さん、自分の手を動かして形にすることを通して、モノゴトの本質を理解するところがある。地頭がいい人だ、と感じた。

彼は、社員440人のリーダーを務め、年商20億円の事業に仕上げていく。製鉄会社の新規事業は難しいと聞くが、珍しく黒字に転ずることができたという。

そんな佐々木さんだが、51歳のとき会社に執着することなく、早期退職する。その3年後、1000坪の山林を買った。隣の土地も買ってほしいと言われ、さらに1000坪買い足した。その広大な山林を切り拓き、都会で暮らす息子や孫たちが帰ってくることができる「地図にない田舎づくり」を始めた。しなやかな生き方に驚いた。これでいいんだと思った。人生を楽しむ勇気がある。

でこぼこ平らな人生の豊かさ

人はいったい何歳くらいから、次世代のことを意識しはじめるものだろうか。子どもや孫たちの世代に何を遺すべきか。そのために、自分は何をすべきだろうか。そうした自問は、己の価値観や倫理観を突き詰めなければ見えてこない。

佐々木さんの言葉で、いいなあと思うものがあった。

「曲がりまっ直ぐ、でこぼこ平ら、貧乏豊かな生活」

人生は、曲がっていたり、でこぼこしていたりしてもいい。風に乗って、はるか上空から俯瞰してみれば、何となくまっすぐで、平らに見える。そうした人生の振幅も含めて、豊かさの一部なのだ。

ガーデンの一角にはカフェがあった。コンテナを改造してつくったという素敵な空間だ。にこにこ顔の佐々木さんご夫妻が迎えてくれ、同行した人たちとともに、ぼくの70歳の誕生日を祝ってくれた。ぼくも人生の下り坂にさしかかり、広々と下界を見渡せる年になった。このでこぼこ、平らな坂道をどんなふうに下っていこうかと思うと、期待と緊張で胸が高揚する。

ケーキにキャンドルを灯して、ハッピーバースデーの歌。ちょっぴり照れ臭くもあったが、懐かしいふるさとに帰ったような安心感に包まれた。

老いのスタートラインに立って

毎年、冬になると、気もそぞろになる。朝、起床とともに気持ちは浮き立ち、スキー場へとはやる。

心房細動のカテーテル・アブレーション治療後、初めての冬も、同じようにはやる心を抑えて、スキー場へ通っている。朝いちばんのゴンドラに乗って、そこから3キロのダウンヒルを駆け下りる。それを立て続けに3本。まるでコマネズミのようだ。

でも、今年は途中で、カフェでいっぷくする時間も設けた。他のスキーヤーの滑りを見たり、山や空の様子をぼんやり眺めたりする余裕が出て来たのだ。これも「老い」が見せてくれる風景かもしれない。

「老い」はスキーに似ている。子ども時代、青年期、中年期とずっと山を登ってきた。たどり着いた高さは人それぞれ。老いを迎え、それぞれの山頂で、ようやくスタートラインに立つのである。長い人生のこれまでのことは、すべて「老い」の滑走の準備のためにあったとすら思えてくる。

老いのスタートラインに立って、おまじないのように自分に言い聞かせていることがある。

①自分の関心を他者へと向けよう。心を内にばかり向けていると、自我の囚人となる。
②肩の力を抜こう。ここは大事な踏ん張りどころという時以外はゆったりと構える。
③「死」を意識する。必ず死はやってくる。だからこれまでになく自由に、思いっきり弾けよう。あとは「死」が帳尻を合わせてくれる。
④貯金より貯筋。90歳まで元気で動き回るための筋肉は、お金では買うことができない。
⑤お金よりも、自由が大切。老年の最大の報酬は自由な精神だということを忘れないようにしたい。
⑥習慣をつくり、習慣を壊す勇気をもつ。「老い」を元気に過ごすには、いい生活習慣へと行動変容を起こすことが大切だ。そして、「老い」をおもしろく生きるには、自分でつ

くってきた習慣を、自ら壊す勇気を持つこと。変化していくことを恐れないようにしたい。
これが、老いを愉しむ、鎌田式しなやか老活術だ。

ゴンドラを降りると、遠くに八ヶ岳と富士山が見える。心が空に吸われていき、晴れ晴れとした気分になる。

頭のなかでコースをシミュレーションする。あのコブを飛び越えて、向こうのスロープを大きく蛇行したら、重力に任せて駆け抜けよう！　骨折しないように慎重に。でも、怖がっていたらかえってケガをする。転倒しても、そこから立ち上がって再び滑り出せばいい。何か起きてもたいていのことは何とかなる。

そんな楽観力とほんの少しの勇気をもって、ぼくも老いというスキーを思いっきり蹴りだしたいと思っている。

本書は、週刊ポストで10年以上続いた連載「ジタバタしない」（21年8月終了）の原稿を大幅に加筆し、まとめなおした。連載の前担当編集者・荻迫英典さん、後任の新里健太郎さん、フリーライターの坂本弓美さんとチームを組んだ。定期的にズームをつないで議論を重ね、本書が出来上がった。３人に感謝いたします。

鎌田　實

２０２２年２月

鎌田實［かまた・みのる］

1948年、東京生まれ。東京医科歯科大学医学部卒。74年、長野県諏訪中央病院に赴任。現在、同病院名誉院長。一貫して「住民と共に作る医療」を実践。チェルノブイリ、イラクへの国際医療支援、全国被災地支援にも力を注ぐ。2000年、『がんばらない』がベストセラーに。09年、ベスト・ファーザー イエローリボン賞（学術・文化部門）、11年、日本放送協会放送文化賞受賞。『忖度バカ』『ちょうどいい孤独』『疲れない 太らない ボケない 60代からの鎌田式ズボラ筋トレ』など著書多数。

編集：新里健太郎

ピンピン、ひらり。
鎌田式しなやか老活術

二〇二二年 四月五日 初版第一刷発行
二〇二二年 五月二十五日 第二刷発行

著者 鎌田 實
発行人 鈴木崇司
発行所 株式会社小学館
〒一〇一－八〇〇一 東京都千代田区一ツ橋二ノ三ノ一
電話 編集：〇三－三二三〇－五九六一
販売：〇三－五二八一－三五五五

印刷・製本 中央精版印刷株式会社
本文DTP ためのり企画

Printed in Japan ISBN978-4-09-825422-4